图书馆管理与读者服务

丁红艳◎著

德宏民族出版社

图书在版编目（ＣＩＰ）数据

图书馆管理与读者服务 / 丁红艳著 . 一芒市：
德宏民族出版社，2016.6
ISBN 978-7-5558-0489-5

Ⅰ．①图… Ⅱ．①丁… Ⅲ．①图书馆管理②图书馆服务 Ⅳ．①G25

中国版本图书馆CIP数据核字(2016)第134720号

书　　名	图书馆管理与读者服务			
作　　者	丁红艳　著			
出版·发行	德宏民族出版社	责任编辑	王稼祥	
社　　址	云南省德宏州芒市勇罕街1号	责任校对	罗玲芳	
邮　　编	678400	封面设计	吴培燕	
总编室电话	0692-2124877	发行部电话	0692-2112886	
汉文编室	0692-2111881	民文编室	0692-2113131	
电子邮件	dmpress@163.com	网　　址	www.dmpress.cn	
印　刷　厂	武汉壹点印刷有限责任公司			
开　　本	880 mm×1230 mm 1/32	版　　次	2016年6月第1版	
印　　张	6.875	印　　次	2016年6月第1次	
字　　数	200千字	印　　数	1-1000	
书　　号	ISBN 978-7-5558-0489-5/ G·73	定　　价	30.00元	

如出现印刷、装订错误，请与承印厂联系调换事宜。
印刷厂联系电话：027-87868680

前 言

　　图书管理是一门科学。图书馆是从事图书管理的机构,图书管理工作则是图书馆所进行的具体业务工作,了解图书与图书馆的概念,掌握图书馆的性质和职能、图书管理工作的具体内容。明确做一名图书管理员应达到的基本要求,是每个有志于图书馆事业的人应具备的起码知识,是做好图书管理工作的前提条件。

　　服务是图书馆的基本宗旨,是贯穿图书馆发展的主线,是图书馆的核心价值观。数字化、网络化的快速发展,给图书馆服务内容、服务方式都带来了深远的影响,图书馆的服务也向纵深方向发展,如何在新的环境下立于不败之地呢? 充分了解图书馆服务管理的基础,首先要分析图书馆服务的概念、特征、构成要素以及了解图书馆服务的发展态势。

　　在现代化信息技术广泛应用的新环境下,读者服务工作仍旧是在文献与读者之间建立起交流渠道的重要环节,在图书馆工作中占有不可或缺的地位。读者服务工作是一项服务性的工作,同时又是一项思想性、科学性很强的工作,是图书馆工作的中心环节,是图书管理员做好工作的关键所在。

　　本书主要从图书管理与读者服务两方面出发,探究现代图书馆的发展。论述了图书馆的发展和起源；从图书馆的性质和职能出发探究图书管理工作理论常识，以及图书的采集与收藏；研究了图书馆的读者服务工作，讲述了图书馆的流通服务、用户教育和读者工作管理，以及图书馆的读书工作者的自身建设。由于本人才疏学浅，难免有不妥之处，希望得到大家的批评指正。

目 录

第一章 绪 论

第一节 现代图书馆的历史

一、图书馆的发展历史

随着社会经济结构和文化意识形态的变化,图书馆的发展经历了由封建藏书楼到近代图书馆再到现代图书馆的嬗变。图书馆发展中的每一次转变,不仅包括图书馆运行机制、服务手段、工作方式等的变化,也包括图书馆发展理念的更新与转型。

如果将封建社会的官府藏书、书院藏书、私家藏书、寺观藏书等看作是图书馆的雏形,那么图书馆的发展已有3000多年的历史。封建社会时期的图书馆普遍被称为藏书楼,如天一阁、汲古阁等,它们皆以藏为主,文献仅为少数人所利用,一般不对外开放,基本是属于宫廷和神学的附庸。从这个层面上说,藏书楼并不是真正意义上的图书馆。

近代图书馆伴随着西方资本主义生产方式出现。资本主义大机器生产需要具有基本文化知识的工人掌握技术工艺,所以新兴的资产阶级大力提倡学校教育,开始筹办面向社会开发的近代图书馆。1852年,英国曼彻斯特公共图书馆成立,它是世界上第一个依据政府立法建立的公共图书馆,从此公共图书馆在各地兴起。

我国在19世纪末"西学东渐"的过程中,中国的维新派在接受西方政治思想和科学文化的同时,也接受了对图书馆社会意义的认识。1902年,徐树兰古越藏书楼正式对外开放。随后,与当时社会背景相结合,一批不同类型的图书馆,如湖南图书馆(1904)、京师图书馆(1909年筹建)相继建成。尤其是1912年8月京师图书馆开馆,标志着我国近代图书馆的产生。近代图书馆不同于封建时代的藏书楼。其首要特征是全面向社会开放,旨在将文献转化为全社会的财富;其次,在保存人类文化遗产的职责之外承担社会文化普及教育的职责。在以后的发展中,图书馆的教育职能越来越受到重视。但是,整个20世纪上半叶,中国因内忧外患、社会动荡,无论是图书馆的藏书还是公众利用图书馆的能力都受到限制。近代图书馆事业发展缓慢,其并未发展成为面向绝大多数公众的文化教育机构。

二次世界大战以后,图书馆发展进入新的历史阶段——现代图书馆出现。这个社会阶段知识总量空前增加,知识的社会价值空前提高,学科内容不断交叉渗透,同一学科的文献分散度高。这样的背景要求图书馆从观念到技术手段都要变革以适应新环境。图书馆的职能也随之变化,不仅为读者提供以卷、册为单位的原始文献资料,而且更多地偏向对收藏的信息资源进行深入加工、传递、交流信息和开发智力资源等功能,成为科学交流和传递情报的重要渠道。同时,图书馆逐步向现代化过渡。20世纪60年代,第一个机器可读目录(MARC)在美国诞生,标志着图书馆工作开始迈入电子化时代。此后,电子计算机技术、现代通信技术普遍应用于图书馆。

中华人民共和国成立后,中共中央于1956年提出"向科学进军"的口号,各类型图书馆进一步得到发展。图书馆逐步发展成为公益文化事业的重要组成部分,成为社会主要的文献信息部门,图书馆的重要性得到了社会的广泛认可。

1995年12月,美国图书馆协会在《美国图书馆》杂志上发表了《美国图书记学业发展的12条宣言》:①图书馆向市民提供获取信息的机会;②图书馆应消除社会障碍;③图书馆是改变社会不公平现象的基地;④图书馆尊重个人的价值;⑤图书馆培育创造精神;⑥图书馆为儿童打开心灵之窗;⑦图书馆的服务会得到社会应有的回报;⑧图书馆构建社会群体,⑨图书馆是系紧家族的纽带;⑩图书馆激励每一个人。

二、数字图书馆发展历史

电子计算机依靠"0"和"1"两个数字开辟了人类文明发展的新时代,实现了信息积累的数字化,引发了"数字革命"。到20世纪末21世纪初,国际互联网正在成为目前世界上资料最多、门类最全、规模最大的信息资料库,有"全球最大的图书馆"之称。计算机技术、信息技术及通信技术等的迅速普及及其在图书馆的广泛应用给图书馆的发展注入了新的生机和活力,传统图书馆开始向数字图书馆演变。传统图书馆这一提法,是与数字图书馆、虚拟图书馆等概念相对而言的。就图书馆发展而言,传统图书馆包括了数字图书馆出现之前的所有图书馆的发展形态,特别是近代图书馆和现代图书馆。

国外的数字图书馆始于20世纪90年代初,时间虽然不长,但发展迅速。20世纪90年代初,美国宣布国家信息基础设施建设计划,提出在全美建设信息高速公路。随后,世界各国做出了积极反应,其中比较著名的有新加坡的"智能岛"、日本的信息技术基础设施建设新政策、英国的"超级Janet"和法国的"Mintel 10"计划等。1997年4月在深圳召开了"全国信息化工作会议",讨论《国家信息化"九五"规划和2010年远景目标(纲要)》,确定国家信息化建设的任务和目标。全球信息化建设热潮开始,在这股热潮中,数字图书馆应运而生。

最早的美国数字图书馆计划以"美国记忆"(American memory)为先导。"美国记忆"实现了500万件文献的数字化,集中反映了美国建国200年来的历史遗产及文化。随后,法国国家图书馆的"资源数字化"计划、日本国立图书馆与情报处理振兴事业协会联合开发的"电子图书馆先导"计划、连接欧洲各国国家图书馆的"Cabriole"计划以及联合国教科文组织的"世界追忆"计划等,都是国际数字化图书馆建设的标志性工程。

我国数字图书馆的研发始于20世纪90年代中期。中国公共分组数据交换网、全国数字数据网和中国教育科研网等的建成,为图书馆网络化的发展提供了必要的基础。国家图书馆自1995年起开始跟踪国际数字图书馆的研发进展。1997年国家计委批准立项的国家重点科技项目——中国实验型数字式图书馆项目（CPDLP）正式启动,我国数字图书馆从理论研究开始走向实践。1998年8月,由文化部牵头,提出建设中国数字图书馆工程,上海图书馆、辽宁图书馆、中国科学院国家科学图书馆（文献情报中心）、清华大学图书馆、北京大学图书馆、上海交通大学图书馆、北京邮电大学图书馆等先后进行了数字图书馆工程的研发。1999年4月,中国数字图书馆有限责任公司经国务院批准成立,于2000年4月完成注册并正式开业。2000年1月,北京世纪超星信息技术发展有限责任公司投资兴建数字图书馆,即超星数字图书馆,同年5月,超星数字图书馆被列入"国家863计划中国数字图书馆示范工程"。

　　2000年4月,文化部在国家图书馆主持召开"中国数字图书馆工程第一次联席会议",以确保工程建设科学、有序地进行,并在"联席会议"办公室下相继成立了"资源建设指导委员会""标准规范指导委员会""法律法规指导委员会"与"技术指导委员会",初步搭建起中国数字图书馆工程的管理框架。2001年10月,"国家图书馆二期暨国家数字图书馆基础工程"经国务院批准立项,该项目将在国家图书馆新馆内建成"国家数字图书馆国家中心"。2003年教育部提出"加快数字图书馆公共服务体系建设"计划。在多年数字图书馆建设工程中,上海图书馆是数字图书馆建设成效显著的图书馆之一,其数字化工程起步于1997年,最早的项目是古籍数字化。广东省提出了迄今我国较完整、规模较大的试验项目"广东省新世纪电子图书馆计划"。中国科学院图家科学图书馆建成的"国家科学数字图书馆（CSDL）"、科技部牵头建设的服务于全国科技工作者的"国家科技图书文献中心（NSTL）"等都是数字图书馆建设中的典范,我国数字图书馆已具规模。但由于地区发展不平衡,中西部地区还有相当一部分图书馆连文献采访经费和日常维持经费都非常困难。同时数字图书馆本身也存在文献转化方式、版权管理、数字图书馆建设中的标准规范等诸多问题,中国的数字图书馆建设的路还很长。

第二节 现代图书馆的定义

我们清楚的意识到仅在十年左右的时间里,数字图书馆作为一种全新的图书馆形态在信息社会的重要地位以及所产生的深远影响已经显示出来,正在被越来越多的人所接受。然而,数字图书馆作为一种全新的理念,还需要对其进行更深入的研究和思考。

目前,国内外关于数字图书馆的定义有近百种,并没有形成一致的见解,在此列举几个较有代表性的定义:一个数字图书馆是计算机可处理信息的集合或此类信息的一个存储处。在非图书馆的应用情形中,数字图书馆这一术语被宽泛的用以表示计算机程序或机读数据的集中存储处。

"数字图书馆是一个分布式的信息环境,其相关技术使得创建、传播、处理、存储、整合和利用信息的困难大幅降低。"这是一个早期定义,它把数字图书馆定义为分布式的信息环境。

"数字图书馆是一系列的信息资源以及相关的将这些资源组织起来的技术手段,如创建、检索、利用信息的技术。涵盖了现有分布式网络中所有数字媒体类型(文本、图像、声音、动态图像等)的存储和检索系统。"这是美国同科学家基金会资助的一项有关数字图书馆"国家级挑战"项目中对数字图书馆的定义。

"数字图书馆是一种有纸基图书馆外观和感觉的图书馆,但在这里图书馆资料都已被数字化并存储起来,而且能在网络化的环境中被本地和远程用户存取,还能通过复杂和一体化的自动控制系统为用户提供先进的、自动化的电子服务。"这种定义将数字图书馆视为一种新类型的图书馆。"一个数字图书馆是若干联合结构的总称,它使人们能够智能的、实实在在的存取全球网络上以多媒体数字化格式存在的、为数巨大且仍在不断增多的信息。"这是美国密执安大学的研究人员给出的数字图书馆定义,认为数字图书馆不是一个机构,而是一个抽象的概念或一种信息服务思想。

"数字图书馆是在分布式计算机网络环境中信息资源的组织形式,提供国家信息基础设施的关键性的管理技术,并提供其主要的信息资源库。"这是我国数字图书馆研究者对数字图书馆的一种描述性定义。

由此可见,数字图书馆的概念内涵具有宽泛性。1995年,美国研究图书馆协会(ARL)对有关数字图书馆的定义进行归纳,提出了一些已达成共识的定义要素:①数字图书馆不是一个简单实体;②数字图书馆需要使用技术来连接众多资源;③许多个数字图书馆和信息服务之间的连接对于终端用户是透明的;④广泛地存取数字图书馆和信息服务是一个目标;⑤数字图书馆馆藏并不限于文献替代品,它们延展至不能以印刷格式表达的数字式人工制品。

虽然,对数字图书馆我们不能给出一个规范、权威的定义,但是,从不同的定义和定义要素中,我们却可以发现一些相同的内涵,即数字图书馆必须具有的本质性的特征:①数字化资源:数字图书馆可以说是海量数据的存储管理区,大量的数字化资源是数字图书馆的"物质"基础;②网络化存取:数字图书馆依附于网络而存在,高速的数字通信网络是数字图书馆的存在基础;③分布式管理:分布式管理是数字图书馆发展的高级阶段,它意味着全球数字图书馆遵循统一的访问协议之后,可以实现真正意义上的资源共享。

作为知识经济的重要载体,数字图书馆是国家信息基础设施的重要组成部分,目前已成为评价一个国家信息基础水平的重要标志和本世纪各国文化科技竞争的焦点之一。以中国数字图书馆工程启动为标志,我国图书情报界、IT业界,1995年前后开始对这一领域进行试验性探索,许多图书馆都不同程度地开展数字图书馆的实践,逐步把一些本馆有特色的资源数字化或将各类数字资源整理上网并提供服务。此外,行业的一些专业公司也同样在推动与促进数字图书馆的发展。

第三节 现代图书馆的特征

数字技术是随当代科学技术的发展而迅速发展起来的一门新的技术,即指将各种采集到的信息,包括文字、图片、声音、图像、动画等原始信息,以数字的方式进行存储、加工、处理、传输,再经转换后输出。这种数字技术,目前已广泛地应用于社会的各个领域,如数字扫描器、数字照相机、数字式电视机、数字通信等。利用数字技术建立的数字图书馆,在国外和我国已经有很大的发展。人们预计,在不久的将来,数字图书馆将在全世界普及。

一、文献内容数字化

文献内容数字化处理,包括馆藏文献、外部电子信息资源、同上资源和非同上资源的数字化和技术处理,要有目的、计划,要根据用户需求、馆藏的基础、馆藏重点发展计划、馆藏特色、地区或全国合作计划等因素来确定。国内外数字图书馆的试验项目告诉我们,在组织馆藏文献信息数字化时要注意以下几个问题:①选题要有针对性,具有特色;②选题的文献信息类型馆藏较齐全;③以一次文献信息加工为主,辅以二次书目信息的建立;④选题要简单,范围不要太宽,否则项目过大,短期内不能完成,势必影响今后的发展。

二、利用计算机技术管理已数字化的各种文献信息资源

自从计算机技术在图书馆应用以来,实现了对各类文献信息的加工、采集、存储、检索、传递和业务管理,推动了图书馆自动化的发展,实现了对传统文献的更有效管理。进入数字图书馆阶段,主要利用计算机来管理多媒体文献信息资源,特别是对视频图像和音频信息进行数字化存储、加工、处理、图像检索、音乐选播和多媒体信息传输,从而使多媒体文献信息增值。管理的内容包括多媒体信息数字化,数字化信息的标识与描述,组织规范性加工与存储,存取服务的管理,知识产权、存取权限、数据安全管理等。最终利用计算机技术、通信技术、网络技术、高密度存储技术建成具有管理功能的数字图书馆。

三、一座巨大的信息资源宝库

数字图书馆是我国丰富的文化遗产和当代迅速发展的各种载体的信息资源的重要基地。所以,一个数字图书馆的信息规模必须达到相当大的程度,才能体现数字图书馆的价值,尤其是信息增值。如美国国会图书馆的数字图书馆,计划要求1999年使数字化的信息规模达到100TB(TB为亿万字节),相当于500万件文献。所以说,它是一座巨大的信息资源宝库。资源库可包括本馆、本地区、全国各类型图书馆信息系统的资源,也包括因特网上各类型信息系统的资源。

四、文献信息的存储、检索、传递网络化

有专家形容数字图书馆是一个"互联空间"或"电脑化空间"。数字图书馆已远远超出了传统图书馆界定的场所,它是通过互联计算机网络,把分散在世界各地的网上资源有效地链接起来,超越了时空的约束,使用户或读者在网络所及的任何时间、任何地点以多种方式获得所需文献信息资源。

五、广泛的可存取性

数字图书馆是在网络环境下运行的一个超大型信息系统。也就是说,数字图书馆可与地区网、国家网、国际网互联,使用户可获得馆内外的大量信息资源。广泛存取性包含两层意思:一是资源来自世界各地的政府、大学研究机构、企业、团体和个人;二是不论什么人都可在网络所及的任何时间、任何地点获得所需资源。外国人称之为"信息存取自由化"。因此,网络不仅是数字图书馆具有广泛存取性的基础,也是数字图书馆的核心特征之一。这是传统图书馆与数字图书馆最大的差别之一。

六、资源共享性

资源共享是传统图书馆苦苦追求的目标,但由于观念、条件和环境等诸多因素的制约,不可能实现真正意义上的资源共享。目前借助网络,各图书馆都可相互交换数字化的馆藏,包括机读目录、电子出版物,也可使用户自由交换各自的数字化馆藏,以补充数字图书馆的资源。所以,数字图书馆的信息资源可包括想要包括的世界信息资源,成为全世界共享信息的资源库,这是理想化的数字图书馆特征。从目前的情况来看,由于国家利益、集团利益、版权等一系列问题,仍然阻碍着实现真正的信息资源共享。

七、开放性

从图书馆的角度来说,要实现信息资源共享,除技术条件外,更主要的是开放,即图书馆对所有人开放,除了要保护的一些特殊资源外,馆藏应完全对外开放。所以,有人预言,未来的图书馆是一种"无围墙的图书馆",即通过网络条件,对所有社会大众开放。有了这个意识和行动,数字图书馆的资源共享才能美梦成真。

八、其他特征

数字图书馆还表现出一些特殊的功能和特征:①信息数字化存储,存储量大,体积小,节约空间。②数字化方式能够使不同载体、不同形式、不同语言文字的文献转化为同一种形式的文献,如CD-ROM就能同时记录文字、图像、声音,并在网上传递。③利用方便、自由。凡拥有计算机和调制解调器,能够与网络连接,就不必亲自到图书馆,可在任何时间、任何地点方便地检索、查询、浏览已上网的图书馆的信息资源,不受开馆时间和距离的限制。④信息资源利用率高。数字图书馆中的信息资源由于能够在更大范围内被用户使用,所产生的社会效益和经济效益将更高。如我国国家图书馆建成和开通的"网上图书馆",每天到该网站访问的用户超过数万人次。⑤用户通过计算机和网络直接利用图书馆资源,无须通过图书馆员的中介,不仅提高了获取信息的速度,也减轻了图书馆人员的劳动强度。⑥节约经费。虚拟图书馆由于是整个网络,网上的任何信息都可以为用户所利用,因而用户不再关心某一种文献本馆是否拥有,图书馆也不必再为力争多采购文献而抱怨经费不足。

第四节　现代图书馆的功能

我们从数字图书馆本身的业务特点来阐述数字图书馆的功能。一般来说,数字图书馆有五大功能:各种文献内容的数字化;数字化文本、图像、视频、音频的存储与管理;数字对象的查询与检索;数字化信息的发布与传输;权限管理和版权保护。我们认为,这五大功能是数字图书馆的基本功能。

一、现代图书馆系统的功能

(一)内容创建与获取(content creation and capture)

在数字图书馆中,可将文本、图片、视频、音频的资料实现数字化,其功能包括从内容创建到图像校正和图像转置、协调、编辑、色彩校正及视频图像压缩等。IBM数字图书馆的文献信息处理包括自动索引、建库、特性抽取和翻译功能。

(二)存储管理(storage and management)

IBM运用关系数据库技术、对象处理技术和多媒体集成的分级存储管理方法,对文本、图片、图像、视频、声频实行分组存储,但又相互联系。

(三)权限管理(right management)

数字图书馆的权限管理主要体现在对知识产权的访问方面,使用了许可、控制和监督办法,具有加暗码的使用协议,附加版权信息,注册商标的水印嵌入和计费、结账等功能。

(四)访问和查询(search and access)

IBM数字图书馆集成了丰富的查询技术,包括文本和图像分析工具以及数字化音频、视频信息的查询工具,可提供索引和全文检索。尤其值得一提的是IBM图像内容的查询,图像可按照颜色、宽度、纹理和位置进行查询检索。

(五)信息发布(distribution)

数字图书馆能够有选择地在现有的任何计算机网络系统上发送信息,即可以在传统的主机/终端机系统、客户机/服务器上或因特网上发布信息。发布方案包括视频点播、远程教学、交互式网上购物等。

二、因特网同资源的连接功能

因特网同资源有如下连接功能:①数字图书馆具有提供连接因特网信息资源的功能;②连接联机信息检索系统,如DIALOG、STN、BRS、CAS、Date、Star等;③连接各种图书馆和书目服务机构,如OCLG、RLIN、WLN、LG等;④连接各种电子报刊数据库系统,如CARL的uncover系统;⑤连接同上各种专业数据库系统。

因特网已经作为数字图书馆的网络环境,其网上资源已成为数字图书馆最大的资源。

三、联机书目查询功能

数字图书馆功能应包含传统图书馆的联机书目的各种功能,如OPAC、内部业务管理的查询显示和检索的规范控制等。

四、电子出版物资源的利用

在数字图书馆中电子出版物将占有重要地位,是数字图书馆资源的重要来源。CD-ROM光盘数据库有索引型、全文型和多媒体型,其中后两者将是今后电子出版物的主流产品。为此,应建立光盘数据库与数字图书馆的连接,或者进行格式的转换,或者与CD Net连接。

五、网络服务功能

数字图书馆是在网络环境下运行的。今后,数字图书馆的一切活动都将在网络上进行,包括数字图书馆的资源的制作、存储、查询与检索,读者借问服务、咨询服务、交流与传输、反馈等,所以网络服务功能将是今后图书馆服务的主要形式。

第二章 图书馆概述

第一节 图书馆的产生和发展

一、图书馆的产生

图书馆是搜集、整理、保管、传播和利用图书情报资料,为一定社会的政治、经济服务的科学、教育、文化机构。它是人类社会发展到一定阶段的产物。

人类信息交流是指人与人之间的信息交流,其形式主要表现为直接交流和间接交流。直接交流是人们之间通过直接接触而产生的信息交流,它通过语言、动作、表情等,生动、直观地表达信息。直接交流无需借助任何工具,但要受到时间、空间和语言的限制,而且不能有效地长期存储。间接交流指的是人们通过辅助工具进行间接接触而产生的信息交流,它突破了直接交流的局限。

文字的产生直接导源于原始的记事方法。人类有了语言,就可以积累知识,形成文化;有了文字,就可以记录语言,交流信息。语言把人和动物区分开来,文字把人类社会的原始阶段和文明阶段区分开来。文字更打破了语言在时间和空间上的限制,将语言传送到远方,扩大了语言的交际功用。可以说,语言文字的形成,使人们的信息更加准确和丰富,使人们的思维更加细致清晰,使人们的交流更加便利,使人们的运筹和记事更加快捷,使人们的生活得以进步。

当人们能够用文字完整地表达思想和感情、准确地记录事物的时候,文献也就随之产生了。所谓"文献"也就是记录在物质载体上的信息,或者说是记录有知识的一切载体。所以,文献交流是间接交流中最早产生的一种形式。有了文献,就产生了如何整理、保存和利用这些文献的问题,也就自然需要一个专门收藏管理文献的场所,这就是最初的图书馆。就是说,图书馆直接起源于保藏文献的需要。作为一种社会交流工具,图书馆正是为适应人类间接信息交流的需要而产生的。人类社会信息交流的需要是图书馆产生的前提,文献的出现是图书馆产生的直接原因。可以说,图书馆在人类文化发展的历程中是社会知识、信息、文化的记忆装置、传播装置。图书馆是对文献信息进行输入、编码、储存、提取和利用的社会化机构,它通过收集、整理和保存文献信息,向人类社会传播文明信息,实现思想、知识和信息的交流,提高社会成员的文化教育水平,提高社会的科技实力和创新能力,促进社会经济的发展,从而推动人类文明和社会的进步。

二、图书馆的发展

图书馆的发展大约经历了古代图书馆、近代图书馆、现代图书馆三个阶段。

(一)古代图书馆阶段

"图书馆"一词,本源于拉丁文"librarian",含义为"藏书之所"。所谓"古代图书馆",就是指古代藏书的地方,但它不同于今天人们所说的图书馆,两者之间有着本质上的区别。

1.中国古代图书馆。我国的图书馆历史悠久,起初并不称作"图书馆",而是称为"府""阁""观""台""殿""院""堂""斋""楼"。如西周的盟府,两汉的石渠阁、东观和兰台,隋朝的观文殿,宋朝的崇文院,明代的澹生堂,清朝的四库七阁,等等。据《尚书》记载:"惟殷先入,有典有册。"殷墟甲骨,是我国现存最早的图书实物,因此保存甲骨卜辞的处所,可以说是图书馆的萌芽。

周朝藏书机构,称为"藏室"。老子就是"守藏室之史",即国家图书馆馆长。春秋战国时期,诸子百家各立学说,私人著述逐渐增多。秦统一中国后,在咸阳阿房宫建藏书机构,设"柱下史"掌管,此机构近于政府或宫廷图书馆。汉初,萧何"收秦丞相御史律令图书藏之",建造石渠阁,即皇家图书馆,收藏典籍。到了唐代,图书馆事业进入了新的发展时期。较著名的藏书处有"秘书省""弘文馆""崇文馆"等,并设有"秘书监"等专职人员管理图书。从宋朝开始,书院藏书逐步形成,当时著名的"白鹿洞书院""岳麓书院""应天书院""嵩阳书院"是宋代四大书院,都有大量藏书。明代图书馆较著名的有"文渊阁""皇史宬""广寒殿"等处。私人藏书也很兴盛,以"汲古阁"主人毛晋、"天一阁"主人范钦等最为著名。清代藏书事业更加发达。《四库全书》正本七部分藏于"文渊阁""文津阁""文源阁""文溯阁""文宗阁""文汇阁""文澜阁",副本藏于"翰林院"。四库七阁连同其他皇室藏书,共同形成了系统的封建国家藏书楼体系。

总之,我国古代图书馆有四个系统,即国家图书馆(政府、皇室)系统、书院图书馆系统、私家图书馆系统和寺观图书馆系统(佛寺道观附设的图书馆)。由于这一时期的图书馆是处于以"藏"为主的封闭状态,所以人们称它为"藏书楼"。封建藏书楼将藏书严加禁锢,不对民众开放,而仅仅供帝王、大臣、公卿享用,这是重藏轻用的体现。然而在一定的历史条件下,我国古代藏书事业为后世保存了文化典籍,在推动当时的学术发展、促进古代文化繁荣上,也起到了一定的积极作用。

2.国外古代图书馆。据考古发现,世界上最早出现的图书馆是公元前10世纪的巴比伦王国图书馆,公元前7世纪中叶,亚述国王阿舒尔巴尼帕尔执政时期,建立了王宫图书馆。在古代埃及,存在为祭司服务的附属于庙宇的图书馆。公元前4世纪古希腊曾建立过规模很大的图书馆。

在埃及托勒密王朝时期,建立在皇宫的亚历山大图书馆,富丽堂皇,藏书非常丰富,被认为是"古代世界的光荣"。罗马帝国在征服了希腊之后,将希腊所有书籍移到罗马,于公元前2世纪在罗马建立了图书馆。此外,中世纪初期,宗教统治笼罩着西方,僧院图书馆在这个时期兴起。公元11—13世纪,大学兴起,大学图书馆也随之发展起来。所以,国家图书馆、僧院图书馆和大学图书馆共同构成了国外古代图书馆事业的整体。

无疑,作为古代的图书馆,其形态和功能有着深刻的社会背景。注重收藏和保存以及封闭是古代图书馆最显著的特征。对于收藏的文献,古代图书馆讲究版本的精良和目录的详细。造成古代图书馆封闭的原因是由于古代图书大多载体笨重,以手抄、雕版印刷为主,数量较少,藏书机构基本没有复本,因此馆外流通较少。

(二)近代图书馆阶段

从世界范围来看,近代图书馆萌芽于18世纪末19世纪初,在19世纪中叶以后兴起,以美国和英国为先河,然后传遍世界各国。18世纪中叶英国的产业革命,使资本主义开始在西方萌芽,为图书馆事业的发展创造了新的条件。大机器生产需要工人在具备文化知识的前提下掌握技术工艺,因而资产阶级政府不但提倡普及学校教育,而且兴办面向社会开放的新型图书馆,以提高劳动者的科学文化水平。在这种情况下,欧洲一些国家的图书馆纷纷从王宫、教堂脱离出来,成为面向社会开放的图书馆。

印刷术传入欧洲以后,图书馆事业的发展进入了新的时期,图书馆的数量不断增加,也带动了高等学校图书馆的快速发展,如著名的牛津大学图书馆、剑桥大学图书馆、巴黎大学图书馆等。

1850年,英国颁布了世界上第一部公共图书馆法,它的倡导者是英国著名图书馆学家爱德华兹。这部法案所倡导的理念就是建立一种由地方政府授权管理,由地方税收支持,对所有纳税人(实际也就是向所有社会公众)免费开放的图书馆。1852年,在英国曼彻斯特建立的公共图书馆,虽然算不上是世界上第一个公共图书馆,却是在英国公共图书馆法颁布以后建立的第一个公共图书馆。可以说,公共图书馆的建立是近代图书馆的主要标志。

中国的近代图书馆是西方思想文化传入中国的产物。1840年鸦片战争以后,中国的社会性质发生了巨大的变化,图书馆事业也逐渐从封建藏书楼时期向近代图书馆时期过渡。甲午战争后,维新改良派在学习、传播西方科学文化的热潮中,兴办了大量的公共藏书楼。如1902年浙江的徐树兰仿照西方近代图书馆模式,以私人的力量筹建了古越藏书楼,该藏书楼虽然沿用了旧时的称谓,但它却是真正的新型图书馆。

与此同时,一批官办的新型图书馆也陆续建成,如1904年建成的湖南省图书馆、湖北省图书馆、福建省图书馆等。1910年,清朝政府颁布了《京师及各省图书馆通行章程》,并宣布成立京师图书馆(今国家图书馆),这是我国近代国家图书馆的开端。

辛亥革命后,我国图书馆事业有了较大发展,各省都相继建立了图书馆。"五四"新文化运动后,图书馆事业进入了新的发展时期。新中国成立后,我国图书馆事业迎来了一个繁盛的新时期。

从封闭的藏书楼到开放、藏用并重的近代图书馆,是我国文献收藏史上最为重大的一次变革。藏书楼和图书馆之间的根本区别在于是否对公众开放。以藏用并重为特征的近代图书馆,不仅仅是藏书的地方,还是传播文化、传播知识的场所,是社会化的组织。

(三)现代图书馆阶段

计算机技术在图书馆的应用是现代图书馆的主要标志。20世纪90年代以后,计算机技术在图书馆中得到广泛应用,极大地促进了文献信息的加工整理和传播利用,使图书馆向现代化、信息化方向迅速发展。现代图书馆作为信息化时代的产物,已由单纯的收集整理和利用文献的相对封闭的系统,发展到以传递文献信息为主的全面开放的信息系统。它既是读者进行终身学习和文化娱乐的中心,也是信息传播与交流的中心。现代图书馆具有以下几个特点。

1.工作重心从书本位向人本位转移。从注重"拥有"到注重"存取",信息社会中的图书馆在发挥收藏功能的同时,更加注重发挥流通功能,联机网络、馆际互借、文献传递等资源共享手段使图书馆极大地提高了服务能力,适应了信息时代图书馆读者工作的需要。

2.图书馆管理重心转移。图书馆管理重心开始从重视二线文献资源的组织和管理转向重视一线的读者服务工作,服务重心从一般服务向咨询服务转移,参考咨询服务的水平更成为衡量现代图书馆整体服务水平的重要标志。现代图书馆更提倡近距离的服务,向社区及家庭延伸,使图书馆真正成为社区文化的组成部分,成为家庭的良师益友。

第二节　图书馆的社会职能和类型

一、图书馆的社会职能

图书馆的社会职能是以基本职能为基础的,是图书馆基本职能在一定社会中的表现。由于图书馆的社会职能要受到一定社会的影响,因此,图书馆的社会职能也将随着社会的发展而不断地扩展和深化。

关于图书馆的社会职能,传统的图书馆学早有阐述。国际图联(IFLA)1975年在法国里昂举行的关于图书馆职能的学术研讨会上达成共识,认为现代图书馆的社会职能可以归纳为五项,即保存人类文化遗产、开展社会教育、传递科学情报、开发智力资源和提供文化娱乐。

(一)保存人类文化遗产

文献是保存人类文化遗产的重要载体,在各种社会机构中,只有作为中介性机构的图书馆,承担着保存人类文化典籍的重任。

随着时代的发展,文献保存介质从最初的龟甲兽骨、纸草泥版,发展到近代的印刷型图书,再到如今的磁盘、光盘、胶片等等,但只要是人类社会留下的文化遗产,都是图书馆保存的对象。因此,从古代典籍到现代数字化信息,丰富而多元化的馆藏资源成为人类研究先进文化理论、传授文化知识、传承优秀文化以及开展文化娱乐不可或缺的资源支持。

(二)开展社会教育

图书馆作为重要的文化科学教育机构,是社会公众进行终身学习的重要课堂。这种教育通过社会公众阅读的方式,来传递科学文化知识,使社会公众自由地利用图书馆学习和更新知识,这是任何学校教育都无法比拟的。

随着时代的发展,科学技术日新月异,知识老化异常迅速,图书馆的这种教育职能将更加显现。图书馆为读者提供最新的知识和信息,使他们及时更新知识,适应信息化社会的需要,从而促使人类全面发展,提升全民族的思想道德和科学文化素养。如此大范围的全民教育和普及教育,也只有图书馆才能承担。

(三)传递科学情报

传递科学情报,是现代图书馆的一个重要职能。图书馆作为社会文献信息收藏中心,存储着大量的社会文献信息。图书馆通过向社会公众开展各项服务,使存储的知识和信息得以广泛传播,并通过社会公众充分有效的利用转化为科学技术和文化成果,物化为直接的生产力,从而在繁荣社会主义先进文化、促进社会的发展与进步方面发挥着越来越重要的作用。

(四)开发智力资源

图书馆是搜集、整理、保存、传播和利用文献信息资源的科学、教育、文化机构。图书是人类智慧的结晶,读书可以开发智力,因而一直为人们所尊崇。图书馆保存了丰富的藏书,是人类知识的宝库,历来具有启发读者思维、开发读者智力的社会职能。

图书馆对所收藏的文献资料进行加工、处理、整序,就是对这种智力资源的开发过程。图书馆通过编制各种详尽的目录、索引,以及其他标引工作,充分揭示图书资料中的信息,建立完整的检索系统,并借助现代化的技术手段向读者传播,培养读者的科学思维能力,提高读者对信息的利用能力。

(五)提供文化娱乐

图书馆作为公共文化服务的空间,可以利用存储的社会文献信息资源,为社会公众提供丰富的精神文化产品,使其拓宽文化视野,从中享受学习知识的乐趣;还可以通过开展丰富多彩的公共文化活动,向社会公众提供文化展览、学术会议、大型展示会、报告会和知识讲座等形式多样的服务,以满足社会大众日益增长的多元化文化需求。

通过向社会大众提供阅读资源与环境,图书馆成为传播和活跃社会大众文化生活的重要场所,成为社会文化生活的中心之一,满足了读者对文化娱乐的需要。

二、图书馆的类型

在图书馆事业进程中,相继出现了各种各样的图书馆,这些图书馆的具体任务和服务对象不同,对文献资料搜集、整理、保管和传播的内容、方式和方法也各有差异。

(一)图书馆类型划分的意义

1.有助于掌握不同类型图书馆的特点和发展规律,以便能够从阅读需要、藏书和目录组织、读者服务以及组织管理等方面来科学地制定各类型图书馆的方针任务,充分发挥各类型图书馆的作用。

2.有利于在全国或一个地区范围内对图书馆事业的发展作好全面规划和统筹安排,以便组织类型多样、布局合理、更好地为科学研究和广大读者服务的图书馆网。

(二)图书馆类型划分的标准

1974年国际标准化组织颁布的 ISO 2784-1974(E)《国际图书馆统计标准》中"图书馆的分类"一章将图书馆划分为:国家图书馆、高等院校图书馆、其他主要的非专门图书馆、学校图书馆、专门图书馆和公共图书馆六大类。在我国,图书馆类型主要是按主管部门和领导系统这个标准,同时结合图书馆的性质、读者对象和藏书内容等来划分。

目前,我国图书馆一般划分为国家图书馆、公共图书馆、科学与专业图书馆、高等学校图书馆、军事图书馆、其他图书馆等六个类型。下面介绍其中主要的几种类型。

1.国家图书馆。凡是按照法律或其他安排,负责搜集和保管国内出版的所有重要出版物的副本,并且起储藏图书的作用的图书馆,则不管其名称如何,都是国家图书馆。国家图书馆是国家的藏书中心、书目中心、图书馆研究中心、馆际互借中心、国际书刊交换中心,是图书馆技术现代化和组织网络化的枢纽,代表一个国家图书馆事业的发展水平,在本国图书馆事业中起着重要的作用。国家图书馆的职能主要有以下几点:

(1)完整、系统地收集和保管本国重要出版物,使其成为国家总书库。

(2)为研究和教学有重点地采选外国出版物,使其拥有一个丰富的外文馆藏。

(3)为政府领导机关、重点科研项目、生产单位及一般读者提供定题或专题的文献研究和参考咨询服务,适度面向社会和公众,开展多种形式的文献服务。

(4)编印国家书目,发行统一编目卡片,编制回溯性书目和联合目录,利用网络进行远程合作编目,发挥国家书目中心的作用。

(5)负责组织图书馆现代化技术设备的研究、试验、应用和推广工作,开展图书馆信息网络的设计、组织和协调工作,在推动图书馆实现现代化中起到枢纽作用。

(6)为图书馆学研究搜集、编译和提供国内外信息资料,组织学术讨论,推动全国图书馆学研究的发展。

(7)代表本国图书馆界和广大图书馆用户的利益,参加国际图书馆组织;执行国家对外文化协定中有关开展国际书刊交换和国际互借工作的规定;开展与国际图书馆界的合作与交流。

2.公共图书馆。公共图书馆作为图书馆的重要类型,是面向社会和公众开放的图书馆。它是由国家中央或地方政府管理、资助和支持的，免费为社会公众服务的图书馆。公共图书馆担负着为科学研究服务和为大众服务的双重任务，在促进国家经济、科学、文化、教育事业的发展，提高全民族科学文化水平方面起着重要作用。

公共图书馆的特点是：藏书内容具有综合性，涉及各学科、各等级，通俗性和学术性兼顾；服务对象包括各个层次、各种类型、各种年龄、各种文化程度、各个民族的读者；业务活动范围十分广泛，有书刊借阅、参考咨询、文化艺术展览和科普讲座等。公共图书馆的规模及被利用的程度，是衡量一个国家科学文化发展水平的标准之一。在我国，公共图书馆主要有省（直辖市、自治区）图书馆，地区、市、州、盟等行政区图书馆，县（区）图书馆，乡镇图书馆，街道图书馆等，如上海图书馆、浙江图书馆、绍兴图书馆。

3.科学与专业图书馆。科学与专业图书馆属于专门性图书馆，主要包括中国社会科学院系统的科学图书馆、政府部门及其所属研究院（所）的专业图书馆、大型厂矿企业的技术图书馆以及一些专科性的图书馆。科学与专业图书馆是依靠一些专门人才及其所掌握的知识，用科学的方法搜集、整理、保管、提供专门文献信息资料的机构。科学与专业图书馆的特点如下：

（1）在藏书建设方面：一般藏书数量不大，但文献收藏高度专业化，学科内容专深，学科的基本理论著作，特别是最新科学理论著作是科学与专业图书馆的收藏重点。国外文献占相当大的比重，其中又以国外期刊为重点。

（2）在服务对象方面：主要是科研和工程技术人员。由于读者的文化水平较高且大多精通外文，因而图书情报工作人员必须具备较高的专业水平、外语水平和文献信息知识水平。

（3）在业务工作方面：比较重视情报资料的收集、整理和传递，重视各种专业目录、索引、文摘等二次文献的编制、组织和使用，要求迅速及时、有针对性地提供文献信息资料。

4.高等学校图书馆。高等学校图书馆，又称"大学图书馆"，它是高等学校的文献信息中心，是为教学和科学研究服务的学术性机构,是学校信息化和社会信息化的重要基地。为教学和科学研究工作服务,是高等学校图书馆的基本特征,我们可从以下方面来加以认识。

(1)在藏书建设方面:高等学校图书馆藏书一般都比较丰富。收藏范围密切结合该校所设的院系、学科、专业,且比较系统和完整,藏书的利用率较高。教学用书的入藏比例较大,基本上能够满足较多读者集中用书的需要。同时也比较注重外文书刊的收藏,较快地反映出有关学科的最新发展动态。

(2)在读者方面:读者对象比较单一,主要是教师和学生,文化水平比较整齐。读者的阅读需要随着教学活动和科研的进程而变化,有一定的规律性。

(3)在业务工作方面:其业务工作的开展一般都较细、较深,图书借阅流通工作与教学和科研工作联系密切,有一定的计划性和阶段性。

(4)在高等学校各院系和各研究所都设有图书资料室。它们同校图书馆的关系基本上有两种情况:一是在行政、人事上由各院系、研究所领导,业务上由图书馆领导。二是院系、研究所图书资料室完全独立,同校图书馆只有业务上的联系。目前第一种情况居多。

5.其他图书馆。包括工会图书馆,少年儿童图书馆,中、小学图书馆(室),军事图书馆等。

第三节 图书馆机构设置和机构改革

机构设置,是指对组织活动和组织结构进行设计的过程,是一种把任务、责任、权利和利益进行有效组合和协调的活动。它是将某一组织内的人员及其资源做合理的分配与利用,使一个机构能成为一个灵活、协调、有效率的有机体,并使每个人都能各尽其能,发挥个人专长,在工作上进行分工合作及协调配合,以完成机构的使命。机构设置一般要考虑组织内部应该设立哪些部门、应有多少层级、如何分工和职位的设置及其权责、各部门的交互关系等。机构设置是否合理,直接影响到图书馆工作能否正常、有效地进行,所以对图书馆机构的设置,应当认真研究,科学设计。

目前,我国对各类图书馆机构的设置并无定制,在这种情况下,只能是依照各系统图书馆的工作条件或有关规定,并根据本馆的实际情况研究决定。一般来讲,大中型图书馆都设有领导机构、行政机构和业务结构。

一、领导机构

(一)党组织

根据单位级别的大小和党员数量的多少分别成立党委、党总支、党支部和党小组。在图书馆内部,党组织处于总揽全局和政治核心的地位,对图书馆工作实行政治领导,即实行政治方向、政治原则及重大决策的领导,并对图书馆的业务工作起监督、保证作用。

(二)馆长办公室

由馆长一人和副馆长若干人以及办公室主任或秘书组成。馆长负责全馆业务行政工作的组织和领导工作,副馆长、办公室主任或秘书协助馆长开展工作,并对各部室之间的业务行政工作进行协调平衡。

二、行政机构

行政机构是为图书馆业务部门提供服务,以支持和保证各项业务工作正常开展的部门,主要对图书馆的行政、财务和后勤等方面进行管理。通常包括行政办公室、人事、财务、安全保卫、后勤服务中心等部门。

三、业务机构

业务机构主要负责文献的收集、加工、整理、存储、选择、转化、提供、使用等工作。一般按照采访、编目、典藏、阅览、流通、参考咨询等不同环节设立相应部门。这些部门既独立负担某一方面的工作任务,又相互联系、密切配合,从而成为协调运转的有机整体。

(一)业务办公室

主要任务是协助馆长处理日常业务工作,负责全馆的业务计划、业务控制、业务统计、业务档案管理等工作。有些小馆可以设业务秘书。

(二)采访部

采访是图书馆开展各项业务工作的第一个环节,是图书馆藏书建设和文献布局的首要内容。采访部需要根据本馆的任务、经费及读者需要,制定文献信息资源建设方案,具体进行文献的选择、采购、征集、交换和验收等工作,逐步建立具有本馆特色的馆藏体系。

(三)编目部

编目是图书馆文献组织和传递工作的基础。编目部的主要任务是对采集的文献信息资源,按照一定的规范和标准进行分类、标引、编目、加工等文献整理工作,以及组织目录(包括机读目录)等整理工作,建立馆藏目录体系,为读者提供多种检索途径;同时还负责新书的报道与介绍工作。

(四)流通阅览部

流通阅览部位于读者服务工作的第一线,其主要任务是提供文献外借、馆际互借、预约登记、文献催还等外借和阅览服务。具体内容如下:负责对读者进行调查登记及发放借阅证件,办理馆藏书刊文献的外借和阅览手续,负责书刊流通与利用的原始统计,管理各个阅览室和出纳台,管理并指导读者使用图书馆目录,宣传推荐图书。图书馆可以根据实际情况,设立多种形式和功能的阅览室。

(五)参考咨询部

参考咨询部主要负责解答读者咨询,编制各种专题书目索引,开展书目参考和有关专题服务,提供文献信息定题检索、课题成果查新、信息编译和分析研究等文献信息服务,指导读者使用检索工具书,开展读者教育与培训,以及进行网络信息资源的指引、开发和利用等多项工作。

(六)报刊部

按照文献类型设立的部门,目的是对连续出版物实行集中式管理。该部门负责报刊的收藏管理和开发利用,承担期刊、报纸的订购、征集、交换、注销、补缺工作,对报刊进行验收登记、上架陈列、整理装订、标引编目、目录组织及典藏管理;组织报刊的流通工作,包括阅览、外借、咨询、宣传及阅览统计;编制有关专题、主题等多种报刊目录索引和文献、汇编、通报等形式的二、三次文献,还可根据条件建立各种数据库,并开展网上信息服务。

(七)典藏部

主要任务是建立合理的三线典藏制结构体系,合理划分与布局基本书库与辅助书库,负责全馆书刊资料的分配和调剂,负责各种书库的管理,办理图书文献入库、归架、排列与剔除,负责图书文献的保护、装订及修补等工作。

(八)研究辅导部

主要任务是开展业务研究和业务辅导工作。业务研究的内容主要是有关图书情报理论、基本原理以及基本技术方法和现代技术的应用,同时针对本馆的有关业务技术问题进行研究,以指导工作实践。业务辅导工作主要是对本系统本地区各个基层图书馆(室)等的工作进行业务辅导,同时也开展对在职工作人员的业务培训工作。

(九)特藏部

有些图书馆称为"古籍部""地方文献部""历史文献部"等。主要负责善本、古籍、拓片、手稿、历史文物、地方文献等的采访、收集、整理、保管及开发利用工作。

(十)技术服务部

技术服务部的主要任务与职责是负责现代化技术在本馆、本系统的应用,保障图书馆自动化管理系统、数据库系统的正常运行,提供网络服务的技术保障,进行数字图书馆系统的应用与开发。该部门在各个图书馆的名称有所不同,但基本职能相同或相近。如国家图书馆称之为"信息网络部",深圳图书馆称之为"计算机部"。

四、图书馆机构改革

(一)图书馆机构改革的缘由

图书馆的业务组织机构的任务是根据图书馆的发展目标,在图书馆内部设立不同层次的部门,并规定相互关系、权责分配以及人力资源的配置与协调,使图书馆成为一个可持续发展的有机整体。它是图书馆管理的一种工具。

根据传统的图书馆理论,图书馆主要有三种功能:即资料的收集、资料的组织和资料的传播利用。为了实现这三种功能,图书馆都设置了相应的部门,如采访部门实现资料的收集功能,编目部门实现资料的组织功能,而资料的传播功能一般由流通部、阅览部等多个服务部门共同完成。这种设置是对图书馆的整体职责进行分解、划分,各部门的职责和工作内容相对集中和固定,可以较好地满足各项服务工作和业务工作的要求。

然而,随着信息技术的飞速发展和不断更新,计算机已普遍应用于采、编、典、流、参等图书馆各个业务环节,使得原先以手工操作技术为基础的采编部门、流通阅览部门和行政后勤部门等组成的组织框架,已不能适应信息时代发展的需要。数字图书馆的出现,使得图书馆的服务功能不断扩展,读者可以在任何地点,通过网络来利用图书馆资源。知识经济的到来,使社会对文献信息呈现出专业化、多元化的需求,也使得图书馆的服务内容和服务范围发生了变化,图书馆工作重心将从书本位向人本位转移;业务重心将从第二线向第一线转移;服务重心将从一般服务向参考咨询服务转移。

在这种形式下,传统的业务信息机构迟滞、僵化的弊端逐渐显现,其主要表现为:①部门按一条龙设置,缺乏横向联系,协调比较困难,从而大大滞缓了文献信息的传递与交流;②部门分得过细,遏制或削弱了部门功能的整体发挥;③部一级机构数量过多,管理幅度过大,既不利于馆对部的领导,又造成机构臃肿,人浮于事,效率低下。因此,打破传统管理模式、改革机构设置,已成为我国图书馆改革的必然。

总之,传统图书馆的机构设置限制了文献信息的开发和传播,也导致了部门之间的封闭和相互制约,阻碍了图书馆事业的发展。因此,要进行图书馆机构改革,只有适时应变,改革自身内部的组织机构,打破图书馆部门分得过细、机构过多,协调困难和缺乏横向联系的传统管理模式,尽快建立集中统一、办事高效、运转协调、行为规范的管理机制,调整其业务内容、工作方式、服务模式和服务时间,强化其信息职能,不断提高服务水平和质量,以担当起信息时代图书馆的社会职能。

(二)图书馆机构改革的内容

图书馆机构改革,不是随便地合并划分和改换名称,而是从图书馆的发展和工作需要出发,从深化图书馆各项工作出发,为深化读者服务工作,适应图书馆内在规律,理顺各业务环节走向而进行的系统性综合性研究;是在寻找文献工作与信息工作的结合点时,兼顾本馆环境条件、经济状况,在明确目标的指引下进行的改革。图书馆机构改革的内容主要体现在以下几方面。

1.观念的变革。现代的图书馆应该是开放的,以读者服务为核心、以用户需求为导向的集文献服务、知识交流、信息服务和情报开发经营于一体的学术性机构。图书馆要实现面向社会的文化教育功能、信息集散枢纽功能、信息加工增值功能和情报信息营销功能,就必须更新观念,以满足用户需求为导向,将信息资源重新划分,保证对尚不具有可开发性的信息资源以传统方式完整输出,吸引一般用户;加强对具有可开发性的信息资源的海量采集与深层梯度开发,生成大量的信息产品,吸引广大潜在用户和高层用户,使信息资源得到充分有效的利用。

2.管理体制的转型。网络环境下的图书馆岗位愈加专业化、职能化,根据用户需求特点和习惯,按学科专业设岗,使岗位职能向专业化纵深发展;同时,管理体制向综合化、整体化方向转化。现有的机构逐步向两方面集中:一是向以文献信息整序、数据库建设为主的业务基础建设方向集中;二是向以网络资源开发、数据库利用为主的用户服务部门集中,包括参考咨询、信息检索、课题查新、文献借阅等。因而必须建立科学、合理、系统的组织结构,职责划分明确,权力分配得当,才能有利于优化系统的资源配置,实现人员的知识结构和技能的优势互补。

3.信息技术的应用。图书馆机构改革,从具体操作的角度来看,就是运用现代信息技术改革图书馆原有的业务流程和管理体制。通过计算机网络技术和业务流程、管理体制的互相融合,使图书馆本身实现信息化,为将来步入社会信息网络体系做好准备,并使图书馆从工作技能现代化阶段步入管理科学化阶段,从物流管理阶段步入信息管理阶段。

此外,还需要有信息化管理的重要保障,即民主决策以及业务与科研相结合,也就是说,通过适当增加决策成本实现管理的科学化。

(三)图书馆机构改革的模式

网络环境下的图书馆机构的设置并无定制,但国内外图书馆已有的实践经验,仍有不少值得借鉴之处。如目前国外不少中小型图书馆已经逐步撤销分编部门,其信息加工与处理的业务主要依赖大型图书馆或集中编目来完成,馆内只需少数人员从事部分资料的加工处理业务,大量业务骨干正在从繁琐的事务性劳动中解放出来,走向读者服务第一线。在我国,佛山大学图书馆从便于文献开发和图书馆科学管理出发,整个图书馆只设行政管理部、文献整理部和文献服务部,也取得了较好的效果。鉴于此,图书馆可按功能重组机构,各部门的职能大体如下。

1.文献建设部。负责图书、期刊、报纸及电子文献的采购、编目、典藏工作;利用计算机自动化分类编目系统,建设馆藏文献目录数据库;利用计算机自动化采购系统,与省图书馆、国家图书馆或其他图书馆、信息机构协同工作,承担联合采访和联机分编工作,进行虚拟馆藏的开发建设工作。

2.文献服务部。负责馆藏文献的流通和阅览。为读者提供文献借阅、报刊阅读服务,管理书刊库和电子阅览室;承担用户培训、读者入馆教育及馆际互借工作。

3.网络技术部。负责图书馆内各种类型数据库局域网的管理维护,负责设备安装、检测和更换,负责图书馆主页制作维护,负责技术培训并解答用户的技术咨询。

4.信息服务部。开展各类文献信息的开发工作,为读者提供最新的科技信息和承担专题服务,负责参考咨询信息检索和远程教育服务;提供网络导航服务;开展深层次的分析研究和形式多样的读者咨询服务,建设特色文献数据库。

5.办公室。协助馆长进行业务和行政管理工作;承担馆内外协调工作,接待来访人员,承担安全保卫和离退休人员的管理工作。

6.学术委员会(虚拟组织)。学术委员会由分散在各个部门的学术水平较高的同志组成,负责组织开展专业学术活动、馆内业务交流、培训与指导,指导全馆的学术研究活动,发挥其在本馆各项业务建设中的参谋作用。

7.馆务委员会(虚拟组织)。由领导班子成员、中层干部等组成。其职能是制定图书馆的建设与发展规划,监督各部门完成工作情况,检查图书馆业务工作实施的规范化、标准化情况;根据读者对图书馆工作的意见和要求,制定具体的改进措施。

这种宏观管理(学术、馆务委员会)和微观管理(业务部门)相结合的新的图书馆业务组织结构模式,在组织上保障了图书馆业务工作和学术研究的顺利开展;将传统图书馆的采、编、借、阅四个业务部门精简为两个,既减少了管理环节,又提高了图书馆的工作效率,以适应信息时代;根据各自的馆情,新组建的四个业务部门,每个还可划分为若干小组,以体现扁平化组织机构的特点。

第三章 图书管理工作理论常识

图书管理是一门科学。图书馆是从事图书管理的机构,图书管理工作则是图书馆所进行的具体业务工作。了解图书与图书馆的概念,掌握图书馆的性质和职能、图书管理工作的具体内容,明确做一名图书管理员应达到的基本要求等,是每个有志于图书馆事业的同志应具备的起码知识,是搞好图书管理工作的前提条件。

第一节 图书馆的性质和职能

一、图书的概念

什么是图书? 图书是人类社会实践的产物,是一种知识的传播工具。"图书"一词最早出现于《史记》,那时所指的图书是指地图和文书档案,与现在我们所指的图书有很大的区别。探求"图书"一词的溯源,可追溯到《周易》记载的"河出图、洛出书"这个典故上,它反映了文字起源于图画。随着生产力的发展和社会的进步,人们开始有意识地运用文字来宣传思想、传播知识,图书便得以产生和发展。今天我们所认识的图书,是指以传播知识为目的,用文字或其他信息符号记录于一定形式的材料之上的著作物。对图书馆而言,图书则泛指各类型读物,既包括甲骨文,金石拓片、手抄卷轴,又包括当代出版的书刊、报纸以及视听资料等。

二、图书馆的概念

有了图书,就有管理图书的机构。图书馆是随着图书的产生、发展而发展起来的机构。图书馆与其他机构不同,有着自己独特的工作对象——图书。它的工作是从图书的搜集、整理、保管到图书的传递使用为一个过程，同时，图书馆是一个社会机构，它的活动目的是为一定社会的政治、经济、文化服务的。随着社会的发展进步，图书馆也在不断发展变化，它由古代的藏书楼逐步发展成今天的图书馆，由过去单一管理图书的机构变为以利用图书为主要目的的多功能综合信息服务系统。今天我们所指的图书馆，是搜集、整理、保管、传播和利用书刊资料，为一定社会政治、经济、文化服务的科学文化教育机构。

三、图书馆的产生和发展

我国图书馆的产生和发展有着悠久的历史。早在殷商时期，如果以殷商收藏甲骨卜辞的地方称作最早的图书馆，则有三千多年的历史。

相传，春秋时代老子曾任过周王室的守藏室之吏，管理史料文献。秦朝时，秦始皇在咸阳阿房宫曾设立了藏书管理机构。汉代初年，刘邦占领秦国首都咸阳，其丞相萧何建造了石渠阁，收藏了秦朝的律令图书及入关以后得自秦国的其他图书。汉武帝、汉成帝时，命陈农求遗书于天下，设藏书府专门保管图书，并命刘向、刘歆父子整理图书，编成了我国第一部官府藏书目录——《七略》。此后，随着我国古代经济、政治和文化的发展，特别是纸和印刷术发明之后，图书的大量出现使图书馆得到迅速发展。如汉代的"东观"，隋代的"观文殿"，唐代的"弘文馆""集资院"，宋代的"崇文院"，元代的"宏文院"，明代的"文渊阁"，清代的"七阁"①等，这些都是我国历史上著名的图书馆。

国外一些古代文明发达的国家，在很早以前也出现了图书馆。据文献记载和考古发现，公元前7世纪中叶，阿舒尔巴尼帕王朝就在美索不达米亚的尼尼微建立了宫廷图书馆。在古代埃及，很多寺院都设有图书馆，至今在一些地方还保留着寺院图书馆的遗迹。在古

----

①指文渊阁、文津阁、文源阁、文溯阁、文宗阁、文汇阁、文涧阁。

希腊,公元前6世纪已有了公共图书馆。稍晚一些时间,著名学者亚里士多德也创建过图书馆。在古罗马,公元前3世纪也创办了著名的亚历山大图书馆。

古代的这些图书馆都是早期从事图书管理的机构,它们都有一个明显的特征,以保藏图书为主要目的,藏书一般不向社会开放。在我国,古代的图书馆通常被称为藏书楼。

19世纪末,以康有为、梁启超为代表的早期改良主义者,他们深感国家危亡、民族生存危在旦夕,从而学习西方,大力提倡变法富强,强调"启迪民智",振兴中国,主张设立公共藏书楼。1895年,康有为,梁启超等创立了维新运动的总机关——强学会。强学会最初着手办的两件事就是办报纸和图书馆。强学会设有"书藏",陈列图书供众阅览。1896年,刑部左侍郎奏请清政府"自京师及十八省省会,成设大书楼……许人入楼看读"。于是,公共藏书楼纷纷建立。这些藏书楼有的提出了"存古""开新"的宗旨,开始收藏"新学"和"旧学"两方面的书刊;有的则明确规定:"无论何人,均可入楼游观"。1902年,浙江徐树兰仿照东西各国图书馆章程创办"古越藏书楼"。"古越藏书楼"的建立,表明我国图书馆的发展由封建藏书楼转变到近代图书馆的时代。1903年,湖南省由私人捐资创办的常德图书馆问世。1904年,湖南图书馆建立,我国从此开始采用图书馆之名。

近代图书馆的产生使图书馆的概念发生了很大的变化。图书馆开始由保藏图书为目的转变为以利用图书为目的的机构;由为贵族,士大夫和文人学士少数人服务变成为全社会服务;由单一的文化保存机构变成为一定社会的政治、经济、文化服务的科学文化教育机构。

全国解放以后,我国的图书馆事业得到迅速发展。党和政府对旧中国遗留下来的图书馆进行整顿和改造,把国民党统治时期地主、资产阶级控制的图书馆变为广大人民所有,把私立图书馆纳入国家计划的轨道,图书馆事业开始成为社会主义事业的一个重要组成部分。同时,图书馆在数量上得到迅速增加,各类型的图书馆大量建立,为广大群众学习文化科学知识提供了便利的条件。到1984年,我国县以上公共图书馆已由解放前夕的55所发展到2217所,基层图书馆(室)25万余个,得到空前的普及。1956年党中央发出了"向科学进军"的伟大号召,中央文化部于同年7月召开了全国图书馆工作会议,明确规定图书馆承担着为科学研究和人民大众服务的双重任务。1957年国务院又正式颁布了《全国图书协调方案》,在国家科委设立图书组,建立了北京、上海两个全国中心图书馆委员会和九个地区性中心图书馆委员会,开展协作和协调工作,从而加强了图书馆为科学研究服务的能力和作用。

党的十一届三中全会以后,随着全党工作重点的转移,图书馆事业更加受到党和国家的重视。1980年,中央书记处听取了图书馆工作的汇报,通过了《图书馆工作汇报提纲》,决定在文化部设立图书馆事业管理局,管理全国的图书馆事业,并考虑将来把北京图书馆搞成一个中心,建设全国性的图书馆网,把图书馆办成一项社会事业。1987年8月,中央宣传部、文化部、国家教委、中国科学院联合下达了《关于改进和加强图书馆工作的报告》。《报告》分析了我国图书馆事业发展目前存在的主要问题,提出了要进一步发挥图书馆为两个文明建设服务的作用,要加强图书馆事业的整体规划和协调工作;要深化图书馆内部改革,加强图书馆设施建设,有重点地采用现代化技术;要加强图书馆干部队伍建设,加强党和政府对图书馆事业的领导,保证图书馆事业发展。

新中国成立后的短短三十八年,我国图书馆事业发生了翻天覆地的变化。图书馆的数量和质量都有根本变化;图书馆的服务范围和服务功能得到扩大和加强,图书馆在加强为科学研究服务和为广大群众服务的过程中促进了自身的发展。随着现代科学技术在图书馆工作中的应用,促进了图书馆工作的深化和改革。目前,我国图书情报界为使用电子计算机而进行的《汉字信息处理工程》的研制,汉字编码问题研究,使用电子计算机进行文献检索的试验,规范化语言——《汉语主题词表》的编制,计算机编目问题的研究,计算机工作人员的培训等,已经取得了一定成绩。《汉语主题词表》已经出版发行。与此同时,相当部分的图书馆已开始使用复制设备,如缩微复制照相机、各类型的静电复印机等。现代图书馆的概念已与传统的图书馆有了很大的区别,电子计算机技术、现代信息技术在图书馆的应用,图书馆馆藏的多元化,传输的网络化,图书馆工作的自动化,又一次改变了图书馆旧的格局,大大地提高了图书馆的服务能力。

四、图书馆的性质和职能

(一)图书馆的性质

图书馆的性质不是单一的,而是一个多样性的综合体。它是一个教育、科学和文化的复合机构。在图书馆构成的多种属性中,它又具有特殊的本质属性和一般属性。

1.图书馆的本质属性。图书馆的本质属性是图书馆本身所特有的、区别于其他事物的属性。在图书馆的全部活动中,收藏图书和利用藏书来为社会服务贯穿于图书馆一切活动的始终。这一本质属性是图书馆区别于其他事物最为显著的特征。由于图书馆在不断地收藏图书的同时又利用藏书为社会服务,它促进图书馆一般属性的作用逐步加强,也促使图书馆自身在不断地发展。

2.图书馆的一般属性。图书馆的一般属性具有社会性、学术性、教育性、服务性。

(1)图书馆的社会性:图书馆的社会性是指它作为人创造出来的社会机构,在其发展过程中能表现出不同社会形态的特点。图书馆作为人们共同使用的人类物化精神财富的一种组织形式,它具有明显的社会性。

①图书馆是人类社会活动的产物:在人类社会的活动中,由于人们在生产、工作和学习中的共同需要,在这种需要的过程中创造出图书馆这个社会机构。图书馆的产生,既需要人们主观上的需

求,也需要客观提供物质条件。图书馆从一诞生起就带有人类社会的印迹,各种社会形态都在图书馆身上打上自己的烙印,同时,图书馆的活动同人的社会活动也密切联系。

②图书馆的藏书具有社会性:在图书馆的藏书中,各个领域、各门学科的知识都得以在图书馆保存。图书馆的藏书是一种综合性的文化资源。它记录了社会与自然的知识,是一部大的"百科全书",具有十分广泛的社会性。

③图书馆的读者具有社会性:在图书馆产生的初期阶段,它的读者具有一定的局限性。到了近代,随着图书馆职能的扩大,它的读者具有越来越大的广泛性五 现代图书馆面向社会服务,它已成为了广大群众共同使用藏书的场所。不同年龄、不同职业、不同语言、不同阶层的人都拥有利用图书馆的权利。从这个意义上说,图书馆的读者代表了社会不同阶层的人们。

④图书馆事业和图书馆工作具有社会性:图书馆事业是一项社会事业,必须依靠全社会的努力才能使图书馆事业兴旺起来。图书馆事业需要党和政府的重视和支持,需要社会各阶层人们的支持和帮助。同时,图书馆工作的社会性,随着资源共享社会,对图书馆藏书的整理和利用,协作和协调,促使着图书馆事业的网络化和图书馆藏书的资源共享社会化不断发展。

(2)图书馆的学术性:图书馆工作是科学研究工作的前期劳动。在科学研究工作中,图书资料是科学研究的物质基础和先决条件。图书馆为科学研究的开展准备了大量的图书资料,是整个科学研究工作系统中的一个子系统。科学研究工作离不开图书馆这一工作环节。同时,图书馆工作本身也是一种学术性活动,在图书馆工作中进行的图书分类、编目、参考咨询等工作中,都带有很强的学术性,需要有高水平的工作人员去担任。因此,图书馆不仅是科学研究工作中的一部分,而且它的工作本身也带有很强的学术性。它的工作人员有很大一部分属于科技人员。

(3)图书馆的教育性:图书馆是一个社会教育机构,它以图书为工具,以提供知识对读者实施教育。图书馆教育不同于学校教育,它是广大群众自学和深造的场所,不受年龄和其他条件的限制,人们可以终生在图书馆接受教育、获取知识、开阔视野、陶冶情操。现代社会的迅速发展,它使那些即使在高等院校受过正规教育的学生毕业后仍然存在着学习和知识更新的问题,而图书馆恰恰解决了这一问题。因此,称图书馆是一所"没有围墙的大学"。

(4)图书馆的服务性:图书馆是一个服务性的机构。图书馆从产生起,服务就是它的主要工作手段,特别是在现代社会。社会建立图书馆的目的就在于让图书馆为社会的政治、经济发展服务。图书馆通过给读者提供服务,达到自己的目的。在图书馆与读者之间,它们历来是服务与被服务的关系。在图书馆服务工作的实质中,图书馆历来是"为书找人"和"为人找书"。因此,图书馆工作人员必须要掌握较多的科学文化知识,熟练掌握图书馆业务知识,树立全心全意为人民服务的思想,端正服务态度,以主人翁的姿态对待图书馆工作,主动为读者提供服务,充分发挥图书馆在社会发展进程中的作用。

(二)图书馆的职能

职能是指人、事物或机构应有的作用。图书馆是一个综合性的多功能的机构,它既具备有自身共同职能,同时也向社会发挥作用。

1.图书馆的共同职能。图书馆的共同职能是指图书馆保存和传递图书资料的职能。考察图书馆活动的全过程,图书馆的一切活动都是围绕着保存图书资料,并面向社会传递图书资料这一活动展开的。图书馆通过保存图书资料,并利用传递图书资料在社会上发挥功效。图书馆不履行这一职能,它的作用就无从谈起。这一共同职能的发挥是每一个图书馆自始至终所发挥的作用。

2.图书馆的社会职能。图书馆是一个人造的社会机构,在整个社会系统中,它又起着以下四个方面的作用。

(1)传递科学情报的职能:传递科学情报的职能是现代图书馆社会职能中的重要职能。图书馆收藏着大量的科学文献资料,图书馆工作人员将这些科学文献资料进行系统的整理,并迅速准确地提供给科研工作者,它节省了科研人员大量搜集资料的时间,为科学研究提供了大量的科学情报,传播了最新的科学知识和科研成果。报道的国内和国际上科学研究的现状和发展动向,为科学研究工作解决了大量的问题。目前,我国很多图书馆正在不断采取措施,逐步加强图书馆的情报功能,广泛采取定题服务、跟踪服务,举办各种信息刊物,开展咨询解答,使图书馆传递科学情报的功能逐步加强。

(2)进行社会教育的职能:图书馆的藏书是人类思想的结晶,它也为图书馆进行社会教育提供了丰富的、雄厚的物质基础。图书馆进行社会教育,不仅表现在对社会提供了科学文化知识教育和专业技术教育,提供了广大读者自学的场所,还表现在对广大人民群众进行思想政治教育。图书馆丰富的藏书通过读者阅读,它向读者宣传了党的方针政策,宣传了高尚的共产主义道德和社会主义的精神文明。同时,图书馆为人们提供的丰富的科学文化知识,在传播知识的过程中使读者提高了科学文化水平,更新了专业知识,丰富了技能,陶冶了思想情操。

社会正在迅速向前发展,科学技术日新月异,知识"老化"异常迅速,人类进入到信息社会以后,在一个"知识化"的社会中。即使受过高等教育的人,过四五年时间,他所掌握的知识将有大部分会陈旧过时。因此,图书馆实施的全民教育、普及教育将会更加广泛,图书馆的社会教育职能将会逐步扩大。随着人类对知识需求量的增大,图书馆的社会教育职能将不断得到加强。将来有一天,图书馆的教育肯定会覆盖整个社会。

(3)开发智力资源的职能:图书馆收藏的图书资料及其他类型载体中的知识、信息,是几千年来人类智慧的结晶。它是一种巨大的智力资源。图书馆的这种智力资源同人类其他自然资源一样,是人类一笔巨大的财富。然而,这笔巨大的财富也同样需要人类本身去开发。图书馆作为这种智力资源的保藏地,必须主动地承担起开发智力资源的任务。

图书馆智力资源的开发,主要包含两方面的内容:一是开发馆藏文献资源;二是启发读者的智力,培养读者进行科学思维的能力。对馆藏文献的开发,图书馆采取最详细,最全面地将馆藏中各种类型载体中的知识情报充分揭示出来,为每一条情报找到需要者,为每一个情报需要者迅速、准确地提供知识、情报。

在启发读者的智力,培养读者进行科学思维方面,图书馆对读者实施各种图书馆教育,如书目知识、文献检索、阅读方法、学习方法等等,以开拓读者的视野,活跃思想,培养科学思维能力,提高学习效率。这种智力开发的作用,是图书馆这种社会机构所特有的一种社会功能,是其他社会机构所不能代替的。

(4)搜集和保存人类文化遗产的职能:保存人类文化遗产是图书馆最古老的职能。世界上一些历史悠久的大型图书馆,都是保存人类文化遗产的宝库。有很多国家专门制定了保护图书文化遗产的政策和法令,颁布了图书出版物的呈缴本制度。搜集和保存人类的图书文化遗产是图书馆对国家负责的社会职能。

在人类社会中,无论是社会科学还是自然科学,都具有继承性。图书资料是前人知识的记录,不把它保存下来,人类的文明就会枯萎,世界的历史就会留下一片空白。由于有图书馆保存人类的图书文化遗产,人类历史上的每一代人才能利用前人已取得的成就,同时将新的经验知识添加列入人类的知识宝库中。这一职能是图书馆其他职能的物质基础和前提条件。无论现在还是将来,只要有图书馆存在,保存人类文化遗产的职能就将由它来行使。但是,现代图书馆保存文化遗产的目的与古代图书馆不同。现代图书馆保存图书的目的在于利用,它的职能更多地体现在对图书的利用上。因此,现代图书馆的这一职能,在图书馆的其他职能中是处于从属地位的。

第二节 基层图书馆(室)的方针任务

基层图书馆(室)一般是指中小型企事业单位的图书馆(室)。它包括的对象十分广泛。在图书馆界看来,基层图书馆(室)的划分一般是从类型、藏书规模、工作人员数量和隶属关系上进行区分。我国的基层图书馆(室)数量十分庞大,据1984年全国的粗略统计,全国的基层图书馆(室)有25万余个,真正的数目恐怕还要超过。我国基层图书馆(室)是图书馆事业中一支不可忽视的力量。多年来,它们在贯彻执行党的路线、方针政策,宣传马列主义、毛泽东思想和国家的法律法令,进行共产主义的道德教育和社会主义精神文明思想的宣传等方面做出了突出的贡献。

一、基层图书馆(室)的方针

方针是引导事业前进的方向和目标。工作的指导方针,具有一定的时间性和针对性。各项事业在一定的历史时期内,既有总的工作方针,也有个别的方针。在转入另一个时期后,总的方针、个别的方针又要由新的工作方针所代替。我们当前工作的总方针是:坚持社会主义道路、坚持无产阶级专政,坚持党的领导、坚持马列主义、毛泽东思想的原则。在文化教育事业发展上,"国家文物事业管理局颁布的图书馆工作条例(试行草案)明确指出:图书馆要贯彻'百花齐放、百家争鸣'、古为今用、洋为中用"的方针。五届人大第一次会议的《政府工作报告》中又提出了图书馆事业发展的具体方针是:"发展各类型的图书馆,组成为科学研究和广大群众服务的图书馆网。"

现阶段图书馆的工作方针,既从属于国家总的工作方针,在贯彻执行中应服从于国家总的方针、政策和路线。但是在贯彻执行图书馆工作的方针时,图书馆事业应在国家总的工作方针的指导下,具体发挥图书馆事业工作方针的指导作用。基层图书馆(室)是我国图书馆事业的组成部分,由于基层图书馆(室)的服务对象不同,藏书内容也不相同,应从实际出发,一般应以"为广大群众服务"为重点,承担起普及科学文化,满足人民群众的文化生活要求的任务。但是,基层图书馆(室)不能忽视为本单位内的科研、生产服务,应采取各种措施,帮助解决迫切需要解决的问题。

"双百"方针和"两为"方针,是新的历史发展时期图书馆事业的工作指导方针,基层图书馆(室)在具体贯彻执行这一方针时,可参照以下几条原则执行。同时,还可以按照自身的实际情况,做出详细、具体的规定,用以指导工作,促进图书馆作用的发挥。

(一)坚决贯彻落实党在新的历史时期的总任务

党在新时期的总任务,就是有系统地进行社会主义现代化建设,把我国建设成为现代化的、高度民主的、高度文明的社会主义强国。基层图书馆(室)的一切工作,都应沿着这个总的方向为之奋斗。

(二)坚持为人民服务

为人民服务和为社会主义服务,是社会主义图书馆服务的根本原则。社会主义图书馆肩负着提高中华民族、特别是广大工人农民群众科学文化水平的重任。基层图书馆(室)直接服务于人民群众,更应贯彻执行好这一原则。

(三)坚持"读者第一,服务至上"的原则

在图书馆的具体业务工作中坚持改革、开放,强化图书馆的服务功能,坚持"读者第一,服务至上"的原则。基层图书馆(室)在采集图书时,要根据本馆的性质任务,本单位生产,科研工作以及一般读者当前和长远的文化生活需要,广泛收集图书资料,千方百计满足读者的要求。在图书馆开放时应一切为读者着想,最大限度地向读者提供各种图书资料。在开放范围、开放时间、借阅手续上以读者利益为重。在工作手段上发挥图书馆多功能服务作用,保证读者的借阅需要,千方百计提供书目服务、信息服务。

二、基层图书馆(室)的任务

1987年,中央宣传部、文化部、国家教委、中国科学院《关于改进和加强图书馆工作的报告》(以下简称《报告》)的文件中明确地指出了当前和今后图书馆的工作任务。《报告》是继1980年中共中央书记处讨论通过的《图书馆工作汇报提纲》之后,图书馆工作方面的又一个重要文件,对今后一个时期的图书馆工作具有重要指导作用。基层图书馆(室)必须以《报告》提出的任务为奋斗目标,坚持党的四项基本原则,贯彻为科学研究服务和为广大群众服务,积极传递图书资料,传播科学文化知识,进一步发挥图书馆在两个文明建设中的作用。

为了更好地担负起基层图书馆(室)的任务,基层图书馆(室)应注意做好以下几项具体工作。

(一)努力把图书馆办成培育"四有"新人的课堂

新时期的图书馆工作肩负着服务于四化建设和服务于"四有"教育这样一个历史赋予的重任。实现四化是我们崇高的奋斗目标,培育"四有"新人,是我们党在新时期确立的人才建设的目标。图书馆工作紧紧围绕四化建设和培育"四有"新人开展服务工作,这是时代的要求。这一要求把图书馆的地位推到了一个空前未有的高度。

建设社会主义精神文明,最本质、最关键的是培育有理想,有道德、有文化、有纪律的社会主义新人,提高整个中华民族的思想道德素质和科学文化素质。图书馆是用图书去影响和教育读者,通过提供书刊借阅来满足人民群众精神文化生活的需要,用图书借阅的形式宣传马列主义、毛泽东思想,宣传党和政府的路线、方针和政策,促进思想道德建设和科学文化建设,哺育"四有"新人健康成长。基层图书馆(室)直接服务于工人农民群众,应努力做好这一工作。

(二)大力开发和利用图书馆的智力资源

最大限度地满足生产和科研对文献信息的需要。图书馆的藏书是一种巨大的资源。图书馆收藏的图书资料,经过深加工和科学编排,形成特有的系统功能,这就使图书资料增值,成为文献源、信息源、情报源。图书馆服务于四化,最重要的是搞好图书馆智力资源的开发,把蕴藏在图书文献中的知识、情报和信息,通过各种方式输送给读者。基层图书馆(室)应注意做好图书馆智力资源开发工作,为四化建设作贡献。

(三)科学的加工、组织和管理

根据图书馆(室)的性质和任务,有计划地积极采购各种书刊资料,并以科学的方法进行加工、组织和管理。

(四)积极开展阅读辅导

积极开展书刊的流通、宣传和阅读辅导,满足读者的阅读需要。

第三节　图书管理工作

图书管理工作一般是指图书馆所进行的业务工作。图书馆业务工作内容广泛,环节甚多。诸多的工作内容和环节前后衔接,有很强的连续性,是一个有机的整体。

一、图书管理工作内容

图书管理工作主要分为搜集整理和传递使用两大系统。在这两大系统中,它包括了搜集、整理、典藏、服务四个部分,图书管理工作是围绕着图书资料的传递作用而展开的。为了传递图书情报,必须搜集图书资料,以奠定传递工作的物质基础,为了能把图书资料中的情报广泛地、深入地揭示出来并传递出去,就必须对图书资料的内容与形式作分析综合处理,为了能多次地重复传递图书资料,就必须对它加以管理和典藏;图书资料传递的接受者是广大读者,他们对图书馆有各种各样的要求,图书馆藏必须相应地开展流通、宣传、辅导、参考咨询等各项业务,为读者获取和利用图书情报提供方便的条件。

二、国书管理工作流程

图书管理工作首先是从搜集工作开始的。做好图书搜集工作，应先确定本馆的收藏原则、收藏范围、收藏重点和采购标准。其次，要了解本馆的藏书情况、各类藏书的利用率和书刊的种类与复本数等等。另外，还要了解并掌握各个出版社的性质、特点、出版计划、书店的发行计划、动态等。在此基础上，图书馆通过采取选购、订购、邮购等方式源源不断地将图书资料补充进图书馆。

图书馆通过以上活动获得图书资料后，便要验收到馆的图书，清查图书数目是否相符，接着便是对图书进行登录。登录工作既是搜集工作的结束，同时也是整理工作的开始。经过登录后的各种图书资料，还需要进一步的加工整理工作。这些工作包括分类、著录、图书加工和目录组织等工作。

图书资料经过搜集、加工整理，接着是对藏书进行典藏保管，以便于更好地利用。图书资料的典藏保管工作主要包括书库划分、藏书排列、藏书保护和藏书清点等。

图书馆完成上述工作以后，为开展工作准备了物质条件。为读者服务是图书馆一切工作的目的和归宿，它是一项开发和利用图书资源的服务，它的内容十分广泛，主要分为图书的流通推广和情报服务。图书的流通推广主要通过外借和阅览的手段来实现。现代图书馆为了加强图书馆的情报功能，在情报服务上采取了多种方式和途径。参考咨询、文献检索是图书馆情报服务的两个主要服务方式，同时，定题服务、跟踪服务、提供信息、编印专题资料书目的手段也广泛地出现在图书馆的情报服务工作中，这些工作的开展，逐步加强了图书馆在国家经济建设中的地位和作用，促进了图书馆事业的发展。

三、图书馆员

图书馆工作人员是图书馆活动的主导方面，他们决定着图书馆的服务效率和图书馆管理工作的科学水平。苏联著名的图书管学家、列宁的夫人H.K.克鲁普斯卡娅称图书馆员为图书馆"事业"的灵魂。在现代社会飞速发展的时期,加强图书馆员的队伍建设,发展图书馆学教育,对推动图书馆事业的进步有着重要的意义。

(一)图书馆工作人员应具备的条件

1.要求具有一定的政治思想水平。图书馆员政治思想水平最起码的要求是坚持党的四项基本原则,树立共产主义的思想。同时,图书馆作为一个面向读者的服务性机构,还要求工作人员有良好的服务态度,全心全意为读者服务的思想。

2.掌握图书馆业务的基础理论、基本知识和基本技能。技能图书管理工作是属于知识生产,带有一定的学术性。不论是图书分类、编目、采购工作,还是咨询服务、图书流通工作,都需要一定的图书馆专业知识。图书管理工作的不同工序,需要专业知识的侧重点也不同。因此,作为一名图书馆员,一定要较全面地掌握图书馆业务基本知识和技能。特别是对于基层图书馆(室)的管理人员来说,更需要通过工作和学习,不断丰富自己的专业知识和专业技能,否则,有较高政治思想觉悟的图书馆员也难于做好本职工作。

3.具有较广博的文化知识。图书馆享有"知识的宝库"的称号,图书管理工作的特定性质,要求图书馆员要具有广博的科学文化知识,对自然科学、社会科学的一些主要学科都要有所涉猎。对图书馆员合理的知识结构,一般应包括:①语文知识(包括外语);②图书馆学情报学知识;③工作中涉及的有关学科知识和本单位的一般业务知识。

图书馆员对科学文化知识的掌握,必须要具有一定的广度和深度。"广度"是指要懂得一定的学科知识外,还要掌握图书馆学、情报学方面的知识。"深度"则表现在对图书专业知识要有较深入的学习和研究、对某一课题领域有系统全面的知识。

(二)图书馆工作人员的具体要求

图书馆员除具备上述基本条件外,其具体的工作要求是:①树立全心全意为人民服务的思想,坚持党的四项基本原则,有良好的服务态度和讲求实效的工作精神,热爱图书馆工作;②具有较扎实的专业知识和熟练的工作技能;③身体健康,有饱满的工作热情;④有良好的职业道德,忠于取守,勤奋工作;⑤善于总结工作中的经验,及时发现问题指导工作,不断学习新理论,了解新情况,将理论、实践、经验结合起来;⑥广涉博览,不断进行知识更新。

图书馆员在国外有"服务博士"之称,作为一名合格的图书馆员要努力学习,丰富知识,更好地完成本职工作任务。

四、图书馆的规章制度

图书馆规章制度是指图书馆工作人员和读者都必须共同遵守并具有法规性质的工作条例、章程、规划、细则和办法。图书馆规章制度是搞好图书管理工作的依据和准绳,是整个图书管理工作正常、有序地进行的保证。

基层图书馆(室)要搞好图书馆管理工作,建立健全一整套完整系统的规章制度,意义十分重大。建立图书馆规章制度时,应本着"凡事慎于始"的精神,力求制定的规章制度符合实际,科学严密、切实可行。根据图书管理工作的实际情况,基层图书馆(室)一般应建立以下一些规章制度。

(一)图书采购补充原则

建立图书采购补充原则,应根据本馆所属单位的性质、任务,确定图书资料的采购补充原则和办法,规定本馆的收藏范围,复本份数,批准手续等,并制定书刊采购工作细则。

(二)图书分类规则

选择确定所使用的分类法及其细则,确定分类的一般规则、方法和步骤,制定分类工作细则。

(三)图书著录细则和目录组织规则

基层图书馆(室)要根据本馆的收藏情况和所使用的著录规则,分别制定著录工作细则和目录组织规则,确定目录的种类、排列方法和组织规则等。

(四)借阅工作制度

包括读者借阅规则、阅览工作细则。读者借阅规则主要是规定借书证发放办法、借书规定及要求以及赔偿规定等。阅览工作细则主要是向读者提出一些守则性的要求等。

(五)书库管理制度

书库管理制度主要包括出入库登记、出纳人员职责、安全防范等内容。制定书库管理制度应明确具体,严格要求工作人员和读者共同执行。

(六)岗位责任制

它是规定图书管理工作每个工作环节工作人员的职责范围,具体应该做些什么工作,达到的标准的一种规范。基层图书馆(室)可以根据人员多少、工序划分的状况来具体制定各工作环节工作人员的岗位责任制。制定岗位责任制可以有效地保证各项工作正常进行,对提高工作质量,加强科学管理有着积极的意义和作用。

第四章 读者服务

图书馆业务工作体系,一般可以分为藏书工作体系和读者服务工作体系两个方面。藏书工作体系主要包括文献收集、整理和收藏、保管等方面的基础性工作;读者服务工作体系主要包括文献流通、参考咨询、文献检索、信息服务和宣传导读,以及读者组织、读者研究等方面的研究性、服务性工作。从图书馆工作的全局看,藏书工作和读者服务工作是相互联系、互为条件、彼此促进、相辅相成的。随着图书馆事业的不断发展、文献载体的多样化及图书馆的数字化,图书馆的全部工作已开始转向以读者工作为重心、全面围绕读者的合理需求组织图书馆工作的发展阶段。读者服务工作已成为图书馆工作的重要组成部分。

图书馆读者服务工作是指图书馆利用其文献信息及其他条件,通过组织研究藏书、研究读者和研究服务,帮助读者利用馆藏文献并从中获得知识、掌握信息,从而实现图书馆工作社会价值的一种专业工作活动。图书馆读者服务工作的宗旨和中心即用户,最基本的原则是:服务方式快速、有效;服务态度友好、专业;服务内容可靠、持续;所有的服务要求都要给予响应;服务面向所有人。图书馆读者服务工作是图书馆工作的外在表现形式,是图书馆社会价值和最终目标的体现,也是图书馆最具活力的工作。其核心部分,可以集中到一点,即读者服务工作是实现图书馆工作社会价值的一种专业工作活动。从图书馆工作的出发点和归宿分析,图书馆读者服务工作的所有活动都是围绕读者进行的,都是为读者服务的。

现代图书馆是一个为社会大众提供文献信息服务的公益性机构,广大读者是图书馆的生存基础。长期以来,图书馆在社会公众心目中的形象总是高高在上,只有知识分子才会利用图书馆,普遍公众与图书馆之间的距离显得十分遥远。图书馆也往往自认为是一个文化机构,而忽视了图书馆同时也是一个服务机构,因此要为最广大的人民群众提供基础服务。图书馆事业要发展,就必须牢固地树立起服务是灵魂,服务是核心,服务是基础,服务是一切工作的出发点的价值观和理念,并依据这一价值观和理念来调整完善并创新我们的管理体制和服务方式。本章主要介绍读者服务工作的内容、方法、发展趋势及其在图书馆工作中的地位和作用。

第一节　读者服务工作的内容与方法

图书馆是一座知识的宝库,它收藏着古今中外多种学科、多种语言、多种载体的文献。为了使读者更好地了解图书馆的服务工作体系和内容,特作如下介绍。

一、文献借阅服务

借阅服务是图书馆的主要服务内容,是图书馆工作的前哨,借阅服务质量的高低直接反映了图书馆的工作水平。

(一)外借服务

外借服务是指图书馆将部分文献让读者借出馆外,满足他们馆外阅读的一种服务方式。读者根据自己的需要挑选书刊,借到的文献妥善保管并充分利用,在规定的期限内归还,而后还可以借阅另外一些书刊。外借服务是图书馆的一项基本服务内容,进行着最经常、最大量的服务工作,它是读者利用图书馆中各种文献的主要渠道,是文献传播的主要窗口。

(二)文献阅览服务

阅览服务是图书馆的一项重要的服务内容,是图书馆工作前哨之一,是读者利用书刊资料进行学习和科学研究的重要形式。大力开展阅览服务,可以提高馆藏文献利用率;同时在阅览室中,读者还可以得到工作人员的辅导和各种帮助。

同其他服务相比,阅览室具有服务读者的如下特定功能。

1.良好的环境。阅览室有适宜读者学习、研究的良好条件:宽敞的空间、舒适的桌椅、精良的设置、明亮的光线、整洁的环境、安静的气氛。因此,在众多供选择的学习场所中,阅览室最受读者欢迎。

2.丰富的文献。阅览室配备有种类齐全、内容丰富新颖、使用价值较高的各种书刊资料,包括不外借的文献资料,如期刊、报纸、工具书、二次文献、特种文献等,这些文献都优先保证供阅览室阅读参考。

3.方便读者利用。读者可以直接利用阅览室内大量的书刊文献,按专业、课题需要,自由选择书刊文献,以及特定知识信息阅读参考。除利用书刊外,还可利用馆内特殊设备,如计算机设备、显微设备、视听设备、复制设备等,阅读电子期刊、缩微文献,及复制所需的知识信息。因此,无论对自学读者、研究读者、咨询读者,都可提供极为方便的阅读参考条件。

4.精心的辅导。读者在阅览室阅读学习的时间多,周期长,有的读者甚至长期连续利用阅览室学习研究。馆员接触读者的机会多,便于系统观察了解读者的阅读需要、阅读倾向、阅读效果,便于有针对性地进行推荐文献、指导阅读、参考咨询等服务。

二、参考咨询服务

参考咨询是图书馆帮助读者检索文献和搜求信息的服务方式。图书馆参考咨询人员针对读者提出的疑难问题,利用参考工具、检索文献及有关书刊,帮助查寻或直接提供有关文献及文献知识、文献线索,用个别解答的方式为读者服务。其形式与内容随时代而发展。咨询服务的类型按读者所提问题的性质可分为事实性咨询、方法性咨询与专题性咨询三种类型。

咨询服务的实质是直接或间接地帮助读者解决对所需文献或某一方面知识了解不足、掌握不够的困难。读者在科研、教学、学习、生产或工作过程中,往往会遇到一些与利用文献有关的疑难问题,其原因:一是从浩如烟海的文献中,迅速准确地查到某种符合特定需要的事实或资料是很不容易的;二是很多问题往往要通过查检工具书去解决,而工具书的使用并不是每个读者都十分熟悉的。所以,借助图书馆把自己的需要与某种情报源联系起来,得到文献的提供或参考答案,对于读者来说是非常必要的。

第二节 读者服务工作在图书馆中的地位和作用

国际图联、联合国教科文组织于2001年8月在美国波士顿召开的第67届国际图联大会上正式出版发行的《公共图书馆宣言》中明确指出:"每一个人都有平等享受公共图书馆服务的权利,而不受年龄、种族、性别、宗教信仰、国籍、语言或社会地位的限制"。因此,图书馆的一切工作都是为服务创造条件。图书馆的价值是通过服务于社会与人来实现的,图书馆所有的活动都是围绕着如何服务于社会与人来展开的,服务观念、服务手段、服务方式都贯穿于图书馆整个实践过程中。图书馆之于服务的态度和看法,基于服务的思维活动所形成的服务理念,是直接影响图书馆服务对象对于文献信息资源的需求能否实现的关键。反过来,以用户在图书馆员心目中的定位和如何满足用户需求为主要内容的服务理念,又是图书馆实现其自身价值的基础和思想保障。即服务是图书馆存在的社会价值,服务是图书馆活动的核心,"服务,这是图书馆的基本宗旨"。

如果说,一个世纪以前,我们的图书馆以馆藏多少为荣的话,今天,图书馆馆藏的多少和馆舍的大小已不再形成竞争的优势。因为,这些只要有一定的经济实力都有可能达到。在新时期图书馆要提高其竞争能力,靠什么? 既靠资源优势,但更要靠具有自身特色的、相关行业莫能企及的服务创新与服务优势。只有服务质量才是各个图书馆的区别所在。如果沿袭固守传统的服务模式,则势必在前进的道路上如鹅行鸭步,消解了本来可以壮大发展自身的竞争力。竞争力来源于服务品质的认同,已构成图书馆人的主流意识,它主导着图书馆的运行方式。

一、服务是图书馆存在的社会价值

就目前而言,图书馆正处于从传统图书馆向未来概念图书馆——数字图书馆、虚拟图书馆过渡的阶段,与其他所有过渡阶段的事物一样,此时的图书馆处在传统图书馆和未来图书馆的中间,兼具二者的特点,也造就了此时图书馆的矛盾地位,偏向何方,图书馆学界和业界也就此话题言论多多。但目前的不争事实是,无论倚向哪一方,都会有不可忽视的"服务危机"存在其中。所谓"服务危机",是指在图书馆活动过程中出现的读者信任危机。它极大地影响了图书馆的社会形象和图书馆事业的发展。

(一)传统服务方式带来的危机

众所周知,改革开放以后,我国国民经济发展迅速,各行各业呈现出勃勃生机,图书馆事业也得到了长足发展。但图书馆事业在全面发展的同时,图书馆服务,尤其是公共图书馆服务在制度、体系、方法、态度等众多方面却存在着问题。而这些问题对于图书馆的发展和未来生存的影响,从一定程度上讲都是至关重要的,甚至是生死存亡的问题。学界和业界对此已进行了很多的理论研究和实践。

首先,从宏观方面看,图书馆事业确实得到了迅猛发展,无论在馆舍建筑、馆舍面积、馆藏数量等方面都较之以前有质的提高。但就单个图书馆而言,在经过20世纪80年代初期稳步发展以后,开始出现了生存危机。由于明显的营养不良,供血不足,许多图书馆呈现出虚脱状态。因此,图书馆界出现了"低谷论"。尽管有人对这一论调提出批评,但无论这一提法是否科学,是否符合事实,图书馆遇到的困难却是有目共睹的。经费不足,导致图书馆一系列"虚脱反应",新增藏量锐减、人才流失、设施设备得不到改善、服务手段跟不上需要,最后导致服务水平下降、社会形象越来越差、读者流失等,进入恶性循环。事实上，当一个图书馆每天仅有极少量的读者造访，它所提供的服务已不能满足绝大多数读者的需求时，或者当图书馆已丧失了与时俱进的能力时，尽管这个图书馆是免费的，但事实上它已危机四伏，如同消失一般。而如果此时还有其他行业服务者能提供类似的服务，图书馆无疑是雪上加霜，其危机将更为严重。

其次，长期以来，图书馆，于外缺乏竞争奋进的机制，于内滋生出一种"黑洞现象"。即产生投入大、产出小，以至投入大而无产出的一种低效益或无效益的现象。产生"黑洞现象"的主要原因就是图书馆长期脱离市场，缺乏用服务去满足市场需求的观念和服务精神。

最后，来自图书馆外部的社会压力也在一定程度上引起图书馆的存在危机。

计算机和网络日益普及，国际互联网已连接了3万多个网络、6000多万台主机、6000多个图书馆、1万多个联机数据库。Internet已经覆盖了全世界近200个国家和地区，上网人数已超过1.5亿，并且每年以40%的速度增加。网络资源日新月异，网页内容以每12个月翻一番的速度向前发展，电子信息以几何级数迅速膨胀，多年来一直有"图书馆存在价值"的疑虑。还存在一个十分严峻的问题是：图书馆能否向人们提供比互联网的导引系统和搜索引擎更有效的服务手段？能否继续成为人们获取信息的第一选择？

目前，我国有各类咨询机构3万余家。20世纪90年代兴起的各类信息公司、咨询公司，开始时规模小、开发能力差、服务水平低，对具有稳定文献信息资源、有国家经费投入和传统公众形象的图书馆还不构成挑战；但经十多年市场的洗礼则有了很大的发展，有的甚至已经形成相当规模。它们在软件开发、数据库建设、技术中介、科研成果转化方面对用户更具有吸引力，必将在未来的信息市场中对图书馆构成严峻的挑战。就图书馆界内部而言，我们在强调馆际业务交流、资源共享的同时，也应不断增强个别图书馆的独特功能、特别人才提供特别服务的独特能力。缺乏这种独特能力或鲜明个性的图书馆,随着改革的深化,它在不久的将来有可能会被其他图书馆(或其他机构)所合并,或者它可委托其他图书馆来管理。政府同样每年划拨一笔经费,为何不能由一个更好的图书馆或其他机构来管理它,使它产生更大更好的效益呢?

古老不能成为一种资本和包袱。在传统图书馆服务环节上滋生的种种疏漏,有的已成为历史,有的正得到纠正,有的转化正悄然进行。虽然这些问题在不同程度上曾使图书馆的职能发挥受到某种掣肘,但总的来说,图书馆服务在不断克服问题的基础上在长足发展,成为推动图书馆事业发展的强大动力。

(二)技术进步带来的服务危机

20世纪末,以计算机技术和网络通信技术为主导的现代信息技术得到了迅速的发展。它在改变世界面貌的同时,也给图书馆带来了一场深刻的变革。在技术生产力的推动下,传统图书馆发生了天翻地覆的变化。计算机管理下规范化的"采、分、编、流",简便迅捷的全文数据库检索、网络化的文献信息资源共享、Internet资源利用等。我们几代图书馆人的梦想,今天都已成为现实。这一切当然要归功于现代技术的应用。正是由于现代信息技术在图书馆如此广泛而成功的应用,给图书馆的发展注入了新的活力,使得技术生产力无可争议地成为这一时期图书馆发展的第一推动力。

高新技术为图书馆的发展提供了日益先进的技术支撑,社会的网络化逐渐使图书馆成为一个资源的共同体。在一个以信息、文化和公共资源为主要生存轴心的社会平台上,只要拥有一台主机,通过网络,任何一个图书馆,都可以进行超馆藏、超时空、超地域的服务;任何一个读者也可以把"图书馆"带回家,或带到他需要的场所,远离图书馆,在因特网上很便利地找寻到自己所需的文献信息,读者对图书馆的依赖也将削弱。随着数字图书馆概念的出现及其优越的便利性的展示,在法国图书馆新馆面世后,有人便预言大型的图书馆建筑将不会再建,也有人因此预言图书馆将会被淘汰。有关图书馆消失之预言的破灭并不全是图书馆所提供的服务不可能被他人所替代的缘故,而是因为图书馆所拥有的文献信息资源的优势尚未被他人完全拥有,政府长期在图书馆界的投资积累所形成的方方面面的优势难以在瞬间被企业的短期投入所"冲淡",图书馆界尚未引进竞争机制。坦白地说,如果当图书馆的这些优势丧失、淡化或者市场竞争机制导入业界时,凭借现有的人力资源优势和服务优势,相当数量的图书馆是难以在竞争激烈的市场中占有先机的。

在我国,以目前情形而论,大中型图书馆消失的消息尚未震荡我们的耳膜,尽管它是否能吸引读者尚有待讨论;大型的图书馆还在出现,人们对此有所需求,当然这些大型图书馆的概念和功能较之于以往已大不相同。一个公共的、亲切的、大型文化、科技信息交流的场所,一个可供人们面对面交流的公共场所依然有着较大的"市场"。但这并不意味着图书馆危机的消失而可高枕无忧,恰恰相反,应让危机的感觉常常震撼我们的心灵。

二、在传统与技术之间正确定位服务工作

传统图书馆向数字图书馆、复合图书馆过渡的时期,我们暂且称之为转型期图书馆。在转型期图书馆,图书馆员应该思考图书馆目前与将来的发展方向,关注图书馆所提供服务的水平质量,关注用户信息需求的满足程度及相关问题来促进自身进步。

图书馆员应采取灵活多样的服务方式,变被动服务为主动服务,变一般化借阅为多样化、特色化服务,变粗浅的单层次服务为多层次全方位服务。但在网络化进程中,图书馆的许多传统工作内容及其工作方式还会继续发挥作用。即使到了网络发展的高级阶段,优良的服务思想和服务传统仍将是我们工作的指导。再次,不能因为网络化时代的美好蓝图和数字化图书馆的美好前景而盲目乐观,更不能忽视和放弃眼前图书馆的基础工作。因为网络化发展毕竟有一个过程,不能一蹴而就;而数字化也不是一项简单的工作,说实现就立刻实现,它需要我们实实在在的努力和大量细致的基础工作。那种过分相信和依赖网络技术,以为有了网络就有了一切的看法,有失偏颇,是对网络的一种错误读解。

(一)认识传统图书馆服务优势

对于预言无纸社会的出现,必将导致图书馆的灭亡,现在看来还太早了。应该说在相当长的历史时期内,实体图书馆仍将存在,并发挥重要作用。转型期的图书馆作为公众服务机构,仍将承担着为社会服务的重任,传统服务作为信息传递手段仍然担任重要角色,传统印刷型文献载体,仍然保持优势地位。

传统图书馆提供的服务主要是印刷性文献。从现阶段看,用户仍然习惯于阅读印刷性图书和杂志,无论是研究,还是消遣,人们数十年来养成的阅读习惯使印刷性文献已经成为不可缺少的东西。图书与期刊的发行量,仍在不断的增长。因此,图书馆仍然是收藏文献最集中的地方,用户的信息需求,仍然需要图书馆的帮助。

图书馆除提供原始文献外,二次文献、三次文献的提供,仍然是非常受读者欢迎的信息。我国公共图书馆近20年来,迅速发展,到馆查阅书刊的读者呈上升趋势。因此,图书馆要根据用户需求,收藏有特色的文献,并尽可能利用现代化手段提供相应的服务。

(二)传统服务方式的提供

传统图书馆在服务工作的时间内摸索了一整套服务方式,如馆内借阅、文献外借、参考咨询、文献复制、书刊展览、专题讲座等。这些服务既满足了众多用户对文献的需求,又方便图书馆保存和管理文献,以更好地为用户服务。传统服务方式仍然是用户使用文献的主要方式,一般图书馆向用户提供文献服务,均是公益性的。传统服务方式在图书馆的经费支出中也是比较少的,因此一般的服务不收费或收取少量的成本费。

目前我国公共图书馆的服务工作是面向大众的,传统服务仍然是主流,被公众认可。由于我国网络化发展比较快,有些费用比较高,一般公众难以接受,这也是传统服务受欢迎的原因。因此,在转型期图书馆仍然要做好传统服务工作,不能一味追求新的服务方式和设施条件。

(三)图书馆设施和环境的提供

在传统图书馆,宽敞明亮的大开间阅览室、卡片式目录、手工式外借手续与证件等,仍为公众所喜爱。它以其特定的环境吸引着广大用户,它的馆舍包括书库、阅览室、外借处、复制台、读者休息室、餐厅等服务设施。许多读者来图书馆阅读图书,查阅文献和信息,是为了享受图书馆的服务和氛围,它是一个特定的场所。因此,图书馆的环境和服务仍然是用户选择的主要场所。

在我们认识传统图书馆服务的优势同时,也不能"倚老卖老"。还应清楚地看到传统图书馆在服务方式上存在的复杂。归纳一点,就是优化服务流程。简便是服务的核心。

(四)理性对待现代技术

图书馆是社会文化机构,而不是技术机构,也不是为技术而存在的。就图书馆自身而言,既不是图书馆最新技术的创造者,也不是IT行业的先驱精英。图书馆存在的价值在于为社会所提供的信息服务,在于以最少的时间、最快的速度,为最多的读者找到最多的书(信息)。从表面上看,图书馆的现代化进程表现出的是一个图书馆不断技术化的过程。因为在这一过程中,我们能明显地看到,技术正以点滴的方式向图书馆渗透,逐渐改变和替代了图书馆传统的工作方法,使图书馆的技术含量和现代化程度越来越高。但在实质上,图书馆的现代化进程是图书馆不断利用先进技术手段改进传统服务,提高自身服务能力和服务水平的过程;是为了满足社会对信息服务日益增长的需求,使图书馆的价值在社会进步的过程中不断得以再现的过程。

信息技术的变化改变了读者利用文献与图书馆的方式,但图书馆服务的宗旨不能变。正如谢拉所言:"服务,这是图书馆的基本宗旨。"最新信息用最快的速度传递,并不一定能获得最大的效益,而经过有目的的整序,有针对性的分析、评价和再加工所得到的情报产品,在社会上往往获得广泛利用,成为最受情报用户欢迎的情报产品,由此情报效益得到高质量显现。无论何种信息环境下,读者都希望图书馆工作人员能迅速准确地提供最有价值、最有针对性的文献信息。因此,对文献信息进行认真分析、鉴别,对有价值的信息进行指导性的、科学的评价,对有传递价值的信息进行综合处理和再加工,这是服务的基础工作,也是图书馆情报职能的最基本体现。

在过去的20年,图书馆经历了两次大的冲击。第一次发生在20世纪80年代中期,由于计算机技术和通信技术的结合推动了互联网的发展,有人预测随着无纸社会的来临,图书馆将走向消亡。确切地说,是无纸风波引发了信息社会的图书馆消亡论。一些人对图书馆的未来表示悲观,认定图书馆存在的时日已不多,到20世纪末,至迟到21世纪初,随着图书馆完全电子化,图书馆将大部分消亡。剩下为数不多的图书馆,只是专门用于保存过去的印刷型文献。

"图书馆消亡论"者最具代表性的人物,首推美国图书情报专家兰卡斯特,他肯定的认为:"我们正在迅速地不可避免地走向无纸社会""图书馆主要是处理机读文献资源,读者几乎没有必要再去图书馆,地方图书馆已无足轻重,甚至消失"。他还毫无根据地推出预测的时间表,"再过20年,现在的图书馆可能完全消失。"这个时间表是他在20世纪80年代初做出的。事实上,20世纪随时间的推移依然成为过去,我们不但没有在世纪之末看到图书馆行将消失的迹象,不仅看不见消失的影子,恰恰相反,摆在眼前的却是图书馆持续发展一派的进步景象。无论数量还是质量,都呈现出增长与提高。图书馆顶住了第一次生存危机,并取得了迅速的发展。

第二次冲击发生在20世纪90年代末,并一直延续到现在。由于互联网的大量普及,电子信息以几何级数迅速膨胀,有人认为互联网的导引系统和搜索引擎会代替图书馆的功能,成为人们获取信息的重要途径。于是人们怀疑图书馆还有没有存在价值。今天,图书馆正在面临第二次考验:图书馆能否向人们提供比互联网的导引系统和搜索引擎更有效的服务手段,继续成为人们获取信息的"第一手段"。2001年5月在上海图书馆举行的一次国际中文元数据应用研讨会上,与会代表都有这样的共识,时代赋予图书馆员一个新的使命,就是通过网上资源编目,把无序的网络空间变成有序的数字图书馆。实践将证明,图书馆员需要互联网,而互联网更需要图书馆员。网络的发展,使得"网络用户在网上能够找到、甚至只能找到他所不需要的东西"成了因特网信息检索定律。这就使得图书馆员利用网络信息检索技术与方法成为网络导航员和知识工程师,利用网络开展培训和继续教育是网络环境下图书馆服务向深层次发展的重要内容。

在两次冲击中,图书馆都是在激烈争论和尝试中获得了生存的机会。如今数字图书馆建设时的图书馆与网络更加紧密地融合在一起,为打造虚拟图书馆提供了坚实的基础。图书馆仍然在人们的预料之中继续前行,巍然屹立于潮头浪尖。图书馆人正以一种执著而热烈的追求,无私奉献的精神在图书馆行业艰苦奋斗,开拓创新。因此,人们不得不承认,图书馆具有生存和发展的核心竞争力。

我们不讳言,现代信息网络的普及、信息资源的数字化和信息系统的虚拟化使得包括图书馆在内的信息提供机构的"中介性"的作用大大降低,网络化信息库体系逐步成为主流性的服务形式,同样信息用户的行为模式也发生了很大变化。但不能以服务方式和服务内涵的变化甚至下降来否定图书馆在现代信息服务体系中的地位和作用。图书馆服务面临的问题和挑战是巨大而艰巨的,因此改革和变化更为必须和急迫。在改造和变革传统服务体系的过程中,不仅要面向新的理论、技术和服务方法及方式以及创新服务体系,同时也应挖掘其原有系统的内外在价值,使图书馆服务在信息社会能够发挥真正的作用。

图书馆的服务水平虽然总是在提高,读者却并未为此感到满意。其原因是读者对服务的期望也在提高,尤其是相对于其他服务行业服务水平的提高,使图书馆的服务相形见绌。举个简单的例子,目前国内各大超市存包已不收费,导致读者对图书馆存包收费就十分有意见。走进宾馆或餐厅的如浴春风的问候,更是对照出图书馆服务的不足。而我们的服务仍然是缺乏微笑,没有说"您好""对不起"的习惯,没有无微不至的导读服务,即使是印刷精美的服务指南,也让读者茫茫然找不着北。提高服务质量和服务效果,是图书馆学和图书馆工作的永恒主题。

第三节　读者服务工作的发展趋势

一、读者服务工作的发展历史

纵观图书馆发展的历史,服务是贯穿图书馆发展始终的原动力,服务的内涵随着时代的需求不断变更和升华,在不同的发展阶段有着不同的核心和重点。由于图书馆社会职能的演进,图书馆服务经历了从封闭到开放,从借阅服务到参考服务,从信息服务到知识服务,从无偿服务到有偿服务,从按时服务到及时服务,从在馆服务到多馆服务、馆外服务,从在线服务到全球化服务的发展过程。其服务内容从"提供给读者馆藏文献"变为"帮助读者获取馆内外信息",服务方式由面对面变为远程(通过电话和网络),并呈现出多种服务并存、其手段与方式不断更新和拓展的前景。

在中国,如果说古代图书馆的设立是为贵族阶级所利用,是一种封闭式的服务,馆阁对平民阶级来说,是一种游离于其身外的神秘物;那么到了魏晋南北朝时期甚是兴盛的私家藏书互通有无的借阅、借抄已颇风行;宋代官府藏书允许公开出借;清代亦无禁例,准予公开借阅。比及近代,杜定友于1926年曾撰就题为《图书馆学的内容与方法》的长文,文中就呼吁"图书馆服务精神",并强调这是一种"特殊的服务精神"。他这样描述,图书馆人一方面要静如"处女""埋头伏案";一方面又要"各处奔走",有"奋斗、牺牲、忍耐、沉默的精神,高尚、清洁的人格,和蔼、慈善的态度",并说如无图书馆服务精神,虽有高深学问亦于社会人群无所裨益。

在西方,图书馆服务可以追溯到公元前6~5世纪。在雅典出土的古希腊一个图书馆墙壁上,就刻有"不得将图书携出馆外"的文字。可见阅览是图书馆最早的一种服务方式。尔后,由阅览逐步扩展到外借。

15世纪,英国著名藏书家里查德·伯里在其专著《热爱图书》中明确指出,收集大量图书是为了学者的共同利益而非个人享受。他编制了藏书目录,拟定了借书办法。尽管其借书办法有多种限制,如办理外借时不得少于三人、抄录图书内容时不得带出本馆围墙、无复本的书不得外借等,但服务的思想十分明确:"我们的目的是使这些书不时借与该大学城区的学生和教师,不论僧俗,均可用以学习和进修。"这体现了平等服务的精神。

17世纪,法国近代图书馆学理论的创始人之一诺德在其《关于图书馆建设的意见》中,对创办图书馆目的有十分精当的说明:"图书馆是供人研究而不仅仅只供看一眼。""如果不打算将书提供给公众使用,那么一切执行本建议前述方法的努力,一切巨大的购书开支,全徒劳。因此,即使对最卑微的能多少获益的人也不要限制,要让人借阅。服务时间也应相应延长,即使是"偶尔要去图书馆的人也应有机会见到管理员,不受阻挠,毫无耽误地得到进馆的许可。""知名人士应允许借出一些普通书籍,携回住所。"

19世纪中叶,随着馆际互借方式的出现,以及20世纪初电话咨询方式的兴起,出现了并不访问图书馆的图书馆读者。

20世纪以后,以开架服务为基础、以方便读者为目的的各种服务方式相继出现并得到广泛推广与应用。如20世纪初在美国和英国出现的流动书库,以及在许多大型图书馆和大学图书馆设立的参考服务。第二次世界大战以后,图书馆服务的内容和方式日益增多。1956年美国国会制定了《图书馆服务法》(1964年发展成《图书馆服务与建设法》),图书馆服务逐渐走向法制化、科学化和现代化。

20世纪70年代前后,图书馆工作的计算机化主要应用于内部业务,并未从根本上改变图书馆服务的基本架构。20世纪80年代兴起的信息化热潮,对图书馆传统的一次文献服务形成强烈的冲击。信息服务是以向人们提供有用的显性信息为内容的信息传播过程,其特点和局限性在于信息内容限于素材性的显性信息及显性知识。在信息服务过程中采集、提供的信息,主要是将作为素材化的材料直接提供给用户,如一次文献、二次文献等。人们通过各种检索手段,获取文献或数据、事实信息。

随着20世纪90年代网络的出现,文献利用的"场所束缚"、图书馆利用的"时间限制"、文献与利用者的"地理间隔"等问题不复存在。图书馆服务朝着服务的便利性,服务的自助利用与馆外利用等方向发展。

二、读者服务工作的变化

探讨图书馆读者服务工作的发展趋势之前,我们有必要先了解一下在现阶段图书馆读者服务工作的变化。因为只有根据其变化,我们才能得出其发展趋势。

图书馆变革的根本原因和动力即在于阮冈纳赞所说的"图书馆是发展的有机体",在于图书馆是开放的社会机构。因为是发展的有机体、开放的机构,就必然要从周围环境中输入新元素,并在图书馆"肌体"内代谢消化,生成新的可以向社会输出的产品和服务,并将社会对它的反映再反馈回"肌体"内部;因此随着社会的发展,技术的进步,图书馆基本功能随着社会的发展保持了下来,但是它与社会关系的集中体现——服务,无论是作为制度基础的法律,还是实践的基本内涵如服务的内容、方式和方法却在不断的变化和变革中。

当今社会是网络信息社会,网络在人们的学习、生活中占有愈来愈重要的位置。置身于此的图书馆服务,尽管还存在许多传统方式,但服务途径和手段与过去相比已有巨大变化。

(一)图书馆服务环境的变化

21世纪是知识经济时代,知识与信息已成为经济活动中的生产要素。知识经济的不断发展,加快了知识创新的速度,促进了信息的交流与利用,人们信息需求不断增加,对图书馆信息服务提出了新的要求。由于受到社会环境变化的影响,图书馆服务环境也发生了重大变化。

在网络信息时代,用户可以不受时空的限制,通过因特网轻而易举地检索到所需的各种信息,甚至可以方便快捷地下载和浏览全文文献和多媒体信息。随着宽带网进入家庭,用户坐在家里就可以获得信息、接受远程教育、欣赏文艺节目等。网络环境为图书馆工作提供了一种新型的快捷、跨时空的信息服务方式,传统图书馆"坐等上门"的服务局面,以及"借借还还"的服务方式,已经不能适应读者的要求。为此,各种类型的图书馆都在寻找自己的立足点和生存空间,千方百计地改变服务工作,拓展服务领域和内容,适应环境的变化。最显著的变化是几乎所有的图书馆都安装了计算机设备,建立供用户使用的公共计算机查询系统,开展了网上预约外借、网上咨询服务等项目。

(二)图书馆服务需求的变化

传统图书馆是以文献为服务单元,注重读者群体概念,以主要向用户提供印刷型文献信息,读者需要文献只能到图书馆查阅的服务方式为主,图书馆服务工作和用户信息需求均受到一定程度的限制。在网络环境中,用户的信息需求发生了根本性变化,人们已经不再满足图书馆提供一部书、一篇文章,而是要求提供某一特定信息、某一事物、某一主题的知识信息。图书馆服务范围也随之发生较大的变化,从提供印刷型文献,发展到提供知识信息、多媒体信息、多载体信息。也就是说从传递文献信息,发展到传递知识信息。现代图书馆是以信息为服务单元,强调以人为本的个性化信息服务。即满足读者个性化和多样化的信息需求,提供差别信息服务。当然,传统的文献服务也并非不存在差别,但那种差别是建立在读者群体基础上的,而现代图书馆的信息服务差别是建立在不同的读者个体上,是建立在直接性、多样性和个性化基础上,即根据读者各种不同的个性化信息需求,实行个性化定制服务。

(三)图书馆服务技术手段的变化

传统图书馆长期采用手工操作,无论是采访、编目、典藏、阅览,还是咨询工作,都是以卡片为载体,一切工作都是手工操作,服务工作更是靠劳动密集型操作完成。随着技术的发展,图书馆工作从半机械、机械化过渡到自动化和网络化。现代图书馆服务已大量采用复印机、防盗仪、计算机、传真机、网络传输、卫星传输等设备为用户服务。图书馆利用新技术服务的手段不断增加,如网上参考咨询、网上信息检索、数据传输、网上文献传递服务等。现代技术的发展和现代设备的应用为图书馆服务工作提高效率带来了可能。

(四)图书馆服务模式的变化

在图书馆服务工作的变化中,变化最大的应是服务模式的变化。它突破了传统的服务模式,呈现出如下几个趋势。

1.由封闭型转为开放型。传统图书馆受到经济和技术的制约,图书馆的服务活动局限在特定的范围,服务工作可以说是以阵地为主,一般"等客上门",所有的服务基本上是"以馆藏为中心""以馆员为中心"。图书馆在加工规模、藏书体系、服务范围、人员配备方面基本形成了"小而全""大而全""备而不用"的自我封闭型办馆范式。图书馆与外界的联系很少,满足于一般的借借还还,图书馆员的思想受到束缚,形成了僵化的管理定式。

在知识经济时代和网络环境下,面对社会信息需求的扩大和技术的发展,图书馆再也不能固步自封,把自己禁锢在图书馆的围墙中。图书馆的服务工作开始走出图书馆,面向需求、面向用户,主动服务,建立辐射型的开放服务系统。形成"以用户为中心""以需求为向导"的主动型服务理念和信息服务模式。目前,图书馆非到馆用户成倍增加,网上信息需求范围逐步扩大就是最显著的变化。

2.由单一化转为多元化。传统图书馆一般都有比较固定的读者群,主要为到馆读者服务。图书馆的服务模式也培养了自己特有的用户,他们习惯于把获取信息和知识的渠道、方式局限在图书馆,获得信息的方式比较单一。随着社会、经济、技术的发展,人们传播信息的渠道不断扩大,人们获得信息的渠道和方式多元化。传统图书馆向读者提供的阅览、外借、检索、复制书刊资料的服务方式已经不能完全适应用户需求。现代图书馆要满足用户获得信息需求,必然要开展多样型的服务。在转型期已经出现了服务需求多元化、服务形式多元化、服务内容多元化局面。目前许多图书馆开展代查、代检索、代复制、代翻译、联机检索、光盘检索、网上咨询、异地服务、远程教育等,就是为满足多元化用户需求而展开的。

3.由劳动密集型转为智力密集型。在传统图书馆的服务中,图书馆员向读者提供服务以手工为主,工作人员从事文献的采集、编目、加工、书库管理、阅览服务、参考咨询,大部分是劳动密集型操作,重复性、繁琐性、体力性的工作比较多。服务第一线的工作人员是体力性工作,人员素质相对低一些,其主要工作任务是书刊上架、整理、阅览室环境卫生、简单咨询等,从图书馆的整体动作模式而言,以劳动密集型为主。

信息时代的到来,信息需求急剧增加,图书馆服务工作的范围、对象、内容、方式、手段不断扩展和增多。新技术的发展,改变了服务人员与用户之间的互动关系,用户不再局限于与服务人员面对面,图书馆服务工作的劳动逐步从劳动密集型向智力型转变。图书馆员的大量工作任务转向对知识信息进行整合,对网上信息进行检索与筛选后进行超级链接。图书馆员已经成为"信息导航员""网上冲浪员",成为信息的中介,直接参与市场信息交流活动。图书馆提供的服务其知识和技术含量增大,表现为信息增值服务。

4.由分割式管理转为整体协调式管理。传统图书馆的服务工作,因手工操作,一般是多部门分块管理。外借部负责图书外借,阅览部负责读者阅览,咨询部只管咨询,报刊部负责报刊借阅,每个部门只管自己所管辖的服务范围,相互的协调比较差。用户在图书馆内要跑几个地方,才能满足需要。现代图书馆的服务,用户关心最终的服务结果。图书馆服务通过技术手段,可以在短时间内一站式获取所需信息。国外有关专家曾经提出,图书馆应建立获取服务部,用户提出的一个信息需求申请,在图书馆内部经过的无数流程和复杂环节,对用户来说并不需要知道,用户仅获取得最后的结果。随着新技术的发展,图书馆的服务管理必须要有整体的协调性,树立大服务的观念,做到内外结合、横向联合、资源共享,才可能满足用户的需求。

三、读者服务工作的应对

为适应图书馆种种工作的变化,图书馆应实现如下的转变。

(一)实现读者走进图书馆到图书馆走近读者的转变

1.网络上的走近。如许多高校图书馆在校园内开设了校园网,使图书馆进入各个大学生宿舍和教师住宅,使学生和教师在所住之地即能方便检索利用图书馆的各类文献且不受时间和数量的限制。这样的做法使学生和教师感到图书馆就在自己的身边。

2.服务上的走近。图书馆实现从闭架书库到开架书库,设立各种新书专架,推荐书架,书目展示等,受到读者普遍欢迎。

3.管理上的走近。图书馆中面向读者的各项规定可重新定位,从读者的角度出发进行文字的修改,其中包括文字规范,使用国内外通用表达方式;语言委婉,让读者易于接受等。还可以在读者中建立社会监督员队伍,由读者来明查暗访,对图书馆管理的各个方面评头论足并予以打分,馆中定期召开监督员会议,由馆领导和有关部门负责人参加,对监督员所提各项建议均逐一落实。还可联系其他图书馆,各馆之间进行网络连接,实行馆际互借、借阅一卡通和异地借还。这些做法,都让图书馆更加贴近读者,也使图书馆的服务充分体现出来。

(二)实现从管理者到服务者的角色转变

就图书馆的内部而言,每一位图书馆员或是阅览室管理者、或是书库管理者、或是网络管理者、或是采访编目管理者、或是参考咨询管理者、或是行政业务流程管理者 等等。但所有这些管理者在为读者服务这一点上是一致的。在现在的图书馆各项工作中,我们图书馆的工作者往往比较多地是将自己的角色定位为管理者，而不是服务者。这样，服务的内容、服务的方式、服务的制度、服务的流程等，较多地是从图书馆的内部出发，从图书馆的管理出发，从方便图书馆员的工作出发，从图书馆的既定业务流程出发，从图书馆长期形成的业务思维定势出发，而较少从读者的需求出发，从未来更方便读者出发，从图书馆不断创新给读者以知识导航出发。总之，在相当程度上，目前的图书馆更多地是管理，而非服务；更多地是让读者来适应图书馆，而不是让图书馆去适应读者。这样的例子在图书馆可以说是俯拾即是。而分析其原因，正是因为人们的理念还停留在图书馆的"管理者"，其角色没有转变为读者的"服务者"。

如果从图书馆的内部管理和外部服务一起考虑的话，图书馆应该推行以读者为本的"繁简观"，即上繁下简，内繁外简，前繁后简。何以言之？所谓上繁下简，即在管理层应该充分讨论，反复酝酿，各方协调，细则该备；而到一线服务之处则应政令从简，布置清晰，易于操作，执行坚决。所谓内繁外简，即在图书馆内部，各项服务制度、服务流程、岗位职责应该制定得十分详细，规定得十分具体，各项服务活动的准备工作要做得十分的充分完备，各项应急预案应考虑得十分周到细致；而对读者和公众，应该言简意赅，易于理解，便于遵守。所谓前繁后简，即在读者第一次到馆时，或为到馆读者提供首次咨询和服务时，应该主动询问，回答具体，介绍详细，服务耐心，以避免读者因不了解情况而为其带来各种不必要的麻烦；而对常来的读者，则要处处为读者节约时间，要言不烦，动作快捷，方便高效，服务专心。

（三）实现从数量增加型到质量提高型的转变

图书馆的服务在数量增加的同时，必须实现向提高质量的方向发展，这是不断满足读者需求的服务理念。读者的需求是在不断发展变化的，当我们在扩大图书馆的面积、拓展阅览的空间、增加图书期刊的品种、策划图书馆的服务项目、壮大图书馆员的队伍，加大图书馆的投入，甚至进行图书馆大规模扩建的同时，我们应当十分重视提高图书馆的服务质量。在当代信息和知识总量剧增的情况下，广大读者已不满足于以往图书馆的传统服务内容和方式，要求图书馆作为知识的门户，其图书馆员们能够成为知识的采集者、知识的加工者、知识的组织者、知识的管理者、知识的交流者、知识的提供者和知识的教育者，总而言之，要成为知识的导航者。

由于多年来形成的图书馆员队伍素质总体水平不高，在加强现有图书馆员队伍的培训、不断引进优秀人才加入图书馆员队伍的同时，我们也可以实行"借资工程"和人才的柔性流动，即可以聘请社会上各行各业的专家到图书馆进行坐堂咨询，既可以是综合性咨询，也可以是专题性咨询；还可以借鉴大学和研究所里的开放型实验室的做法，邀请国内外的专家来从事一些研究项目，以便更好地为读者服务。

要实现图书馆从数量增加型到质量提高型的转变，就要对广大的读者进行个性化的服务和超常服务。图书馆的超常服务，也是图书馆服务质量的实在的体现。同时，图书馆的超常服务也体现在图书馆员为读者所提供的延伸服务。延伸服务有时间上（图书馆正常服务时间之外）的延伸，也有范围上的延伸（越出本岗位的服务局限），还有内容上的延伸（超出图书馆业务服务范围），以及空间上的延伸（为外地及境外读者服务，为读者离开图书馆后提供服务）。

要实现图书馆从数量增加型到质量提高型的转变，还应在图书馆中创造并培育出标志性的信息服务产品。就期刊而言，国家图书馆的《中国图书馆学报》、中国科学院文献情报中心的《图书情报工作》、上海图书馆的《图书馆杂志》等就是标志性的信息服务产品。全国图书馆界合作完成的《中国图书馆图书分类法》《中国古籍善本书目》，全国高校图书馆系统联合建设的"中国高等教育文献保障系统"（China academic library and information system）等也都是标志性的信息服务产品或信息技术保障手段。

四、读者服务工作的发展趋势

从目前的图书馆发展状况来看，读者服务工作总趋势可概括为如下几点。

(一)参考咨询——对寻求信息读者的个别帮助

参考咨询工作无论在传统时期还是在现代网络环境下,都是图书馆沟通用户与信息源的一种有效形式。我国图书馆参考咨询工作自产生以来就处于不断的发展变化之中,从简单的问题解答、馆藏书目查询,到定题情报服务、研究课题查新及检索工具使用的教育辅导等;从纯手工检索文献、口头解答问题,到机械化检索文献和借助于电话、传真等进行咨询。参考咨询的有效开展,在很大程度上配合了图书情报职能和教育职能的发挥。但自进入20世纪90年代,传统的参考咨询手段已越来越难以满足社会快速而复杂的信息需要,加上互联网络的开放兼容性和信息资源共享性的特点,图书馆的传统服务受到来自互联网的强有力的挑战。

自20世纪中期以来,国外的一些图书馆正在摆脱传统的参考咨询模式,充分利用网络技术成果,极大地改变了参考服务形态,参考服务从面对面的直接交流,走向借助网络开展数字化的参考咨询形式。这种变化不是局限于传统的咨询内容和手工化的服务方式,而是从数据化、网络化的视角出发,开拓信息咨询业务的新内容和新方式。受物理空间的限制,许多图书馆往往收集并保存着大量互相重合的以及失去价值的资源。

计算机信息处理和网络通信技术的广泛应用,使文献信息资源越来越多地以数字化方式存在,文献资源的供给也通过互联网络来完成,图书馆自身物理空间呈现为虚拟形态;参考咨询业务因而突破了馆藏概念,信息资源呈现"无围墙"状态。信息载体由传统的印刷型文献发展到电子版、视听版、缩微版、数据库和多媒体文献,尤其是因特网上的信息资料,成为参考咨询的重要资源。图书馆传统的参考咨询工作若要谋求进一步发展,首先要设法改善服务技术手段和信息资源环境,而数字参考服务恰恰适应这种发展需求。数字化参考咨询服务的状况将成为体现现代图书馆服务水平与层次的重要标志。

在国外图书馆界,数字化参考服务(digital reference service, DRS)从产生到现在,仅20年的历史。但是,就是在这短短的20年中,DRS已经相当普及,并以强劲的发展势头引领现代图书馆信息服务的新潮流。

数字化参考服务,又称虚拟参考咨询服务(virtual reference service)、网络参考咨询服务(network reference service)。主要是在网络环境下,图书馆或信息机构以网络为信息阐述手段,以数字化信息为基础,通过E-mail、Web表格、在线交谈、视频会议等方式进行的参考服务。这种服务形式不受时间、空间的限制,能够借助相关资源,通过咨询馆员或特聘学科专家来为用户提供24小时的不间断服务,它代表着现代图书馆信息咨询服务的发展方向,其内涵要比传统服务更深厚。

虽然目前公共图书馆的数字参考服务尚不普及,网络实时服务还不能成为参考服务的主流业务,数字参考服务对参考服务全局的影响还没有显现出来,并可能在未来的几年仍将处于配属状态,但与传统参考咨询相比它具有的优势是显而易见的。

1.多样化的内容。数字参考服务的内容不仅包括传统参考服务中常规性的简单问题的解答,如馆藏文献书目查询、图书馆以及检索工具使用的教育辅导等,还包括网络信息资源的介绍、查找、评价、选择与提供,网上定题服务、简报服务,网络远程教育等。

2.自动化的手段。数字参考服务的最重要特点就是服务手段的自动化、电子化、网络化。咨询馆员不需要与读者进行面对面接触,主要依赖计算机对信息进行自动化的查询、获取、分析、加工、存储等处理,利用互联网技术等电子化手段更大程度地实现与读者之间的交流。

3.智能化的结果。由于咨询馆员借助计算机进行信息处理,如互联网数据库检索、光盘数据库检索、网络信息传输等现代信息技术,因而可以向读者提供更高水平、更高层次的解答,提供针对性更强、更具附加值的智能化成果。

4.服务范围与信息源的广泛化。网络环境最大的优势就是打破时空界限,读者无论身在何处,都可以全天候向咨询员发送问题,咨询员也可以利用丰富的、海量的网络信息资源,这是传统参考服务时代所无法想象的。

目前,国内外比较常见的数字化参考咨询服务(DRS)的方式主要可归纳为Help系统和FAQ(常见问题解答)信息服务、异步服务(asynchronous)、实时交互服务(real-time)和合作化数字参考咨询服务(CDRS)。

Help系统和FAQ:这种方式是对各种网络数据库本身如何使用进行介绍和说明,形成一个联机帮助系统,汇总常见问题,整理后放在网上供用户浏览。在问题增多、浏览不便的情况下,经过技术处理逐步形成FAQ数据库,用户可以方便地查看自己提出的问题是否已有现成的答案,或者通过输入分类号、关键词等渠道获得所需的解答情况。

这种参考咨询方式问题比较集中,且具有针对性,用户获取现成答案的速度比较快;但缺点是通常只列有常见的问题集,用户也只能被动地检索并接受答案,在遇到常见问题集里没有的问题时就会无所适从。

异步服务(asynchronous):这是目前参考咨询最流行也是最简单的方式,通常的做法是在图书情报的网站主页或者某个网页上设立"参考咨询"或"询问图书馆员"(ask a librarian)的链接,以E-mail、电子表格(E-form)、电子公告版(BBS)、留言版(message board)等形式来完成。在图书馆,一般是在本馆的网站上用ask a librarian加以链接,用户以E-mail、电子表格(E-form)等形式来提交请求;ask a librarian在接到用户请求后,以E-mail形式做出答复。其突出特点是简单易行,但最大的问题是因基于异步处理而使用户与咨询员之间缺乏实时的交流,导致咨询结果不能得到及时反馈。

实时交互服务(real-time):这种服务是在网上实时进行的、面对面的交流,其主要形式是网络聊天室(IRC)、桌面视频会议(DVC)、

网络寻呼机(ICQ)等。目前广泛采用的 chat 软件技术,使用基于
FAQ 数据库管理的参考咨询服务,每次的提问和解答过程都依靠后
台数据的支持,系统管理员或参考咨询员在经过筛选后,将有价值
的问题及其解答加入其 FAQ 数据库中,不断增加 FAQ 的数量,在规
定的时间内提供给用户。

实时交互服务大大提高了咨询服务的质量,尤其是网络客户呼
叫中心这类软件,能有效支持远程的复杂咨询和用户培训,服务效
果更佳;但也存在着一些有待解决的问题,诸如咨询人员的合理配
置与培训、技术和经济运行条件的保障以及咨询过程中用户行为随
意性的控制等。

合作化数字参考咨询服务(CDRS):前几种参考咨询方式在实
施过程中,其方便性很容易带来急剧增加的咨询请求量,咨询人员
也经常遇到超过自身知识和可利用资源的能量的复杂问题,而且由
于人员限制,单个图书馆很难做到全天候的咨询服务,于是便出现
了合作化数字参考咨询服务(collaborative digital reference service,简
称 CDRS)。

CDRS 是利用网络技术建立起来的、有多个图书馆甚至多个系
统间的互联数字化网络,在任何时间、任何地点为用户提供的参考
咨询服务。这种方式运用最新的科学技术成就,能够在相关的数字
化信息资源中提取、筛选出最好、最准确的答案。这种服务方式几
乎可以使解答咨询的图书馆员在海量的数字化信息资源中左右逢
源,极大地满足用户的咨询请求,有效地实现信息资源、人力资源和
服务资源的最大化、最优化的共享与利用,因而将成为未来数字图
书馆参考咨询服务的重要模式。

在数字化信息环境中,图书馆与其他信息服务机构处在同一起
跑线上。但是,图书馆的优势又是显而易见:信息服务毕竟有其悠
久的历史,具有丰富的经验,藏有巨量的印刷品和数据库资源,专业
人员和技术力量也相当雄厚。合作与竞争同在,机遇与挑战并存。
数字化图书馆时代需要参考咨询服务,就是要大力提高文献资源和

信息资源的利用。正如培根所说："知识的力量不仅取决于其本身的价值大小，更取决于它是否被传播及传播的深度与广度。"只有大力开展新时期图书馆参考咨询服务，图书馆事业才能顺应时代的要求，得到有力的发展。

(二)关注弱者——从物理的无障碍到虚拟的无障碍

获取信息是最基本的人权，然而对弱势群体，如文化水平低下、社会地位不高的群体，经济上处于弱势的群体，地理环境处于弱势的群体，少数民族，身体残疾者而言，图书馆开展对弱势群体的服务是维护弱势群体基本人权的体现。现代图书馆的读者服务工作要真正让读者满意，则必须确保那些由于某种原因不能得到主流服务的少数群体也能够平等地享受到各种服务。

可以说，公共图书馆免费教育的理念与实践，使得弱势群体能在这里以零投入而获得信息和知识；而图书馆"有教无类"的思想和无差别的服务理念，使弱势群体社会平等的政治愿望和接受教育的基本权利得到切实的体现和保障。这种信息无障碍的服务理念是数百年来全世界图书馆服务的宗旨。然而，随着人类进入所谓的"信息社会""知识经济社会"，人们获取信息的方式发生了变化，由于人们的社会地位、知识水平和经济实力等方面的差别，在信息资源的分配和获取上，出现了"信息富人"和"信息穷人"的区别。对于弱势群体，图书馆成为他们信息资源的最后提供者，所以有人把公共图书馆称为"信息时代信息穷人最后的避难所"。因此，如何更好地深化信息无障碍服务，是每个图书馆应思考的问题。如何为残疾读者度身定做，进行个性化服务，也是提高图书馆信息无障碍服务的重要一环。

从图书馆服务而言，要构建信息无障碍的环境应包括两个方面：一是物质环境的无障碍，这主要指的是坡道、盲道、扶手、残疾人专用洗手间、专用电梯及方便按钮、设置音响信号装置。越来越多的图书馆，尤其是新建的图书馆在馆舍建筑上开始考虑为残疾读者提供服务。二是信息和交流的无障碍。如果我们从方便读者的角度出发,设身处地为残疾读者着想的话,残疾读者到图书馆来看书和借书有与正常人相比的诸多不便。因此,在信息技术的支持下,图书馆的物质环境无障碍服务正向虚拟无障碍方向发展。

国内外图书馆近年来大力发展的网络服务和虚拟参考咨询服务也可看作这种发展趋势的体现。所谓信息和交流的无障碍主要是指盲文读物、盲文计算机、影视字幕、天花板书、朗读服务、手语、网络服务、送书上门等。一些图书馆考虑残疾读者行走不便,开展主动送书上门服务;2001年5月,上海图书馆克服了空间的困难,在综合阅览区开辟了盲文阅览区。为了更好地提高为视障残疾人服务的质量,2002年初,上海图书馆又与上海市残联和市邮电管理局合作,为盲人推出了盲文读物和视听读物的免费寄送,从而提高了为残疾人服务的质量。

上海图书馆盲文阅览区的图书馆员为了做好信息无障碍服务,利用业余时间学习盲文,以便能够与视障读者进行信息沟通,提供更加温馨化的服务;在美国匹兹堡的卡内基图书馆,还向那些长期卧床不起的残疾人提供天花板书,即残疾者将带有放映机的缩微胶卷,通过手、脚或身体其他可以利用的肢体部位来操作放映机,并将缩微胶卷的内容投到天花板上进行阅读。在世界一些发达国家的图书馆,目前已经将传统的阵地服务与先进的网络服务有机结合起来。一些图书馆的空间与文献布局已经完全摆脱了多少年来习用的文献载体和文献类型的划分,而是按照内容主题来划分。如法国国家图书馆、里昂图书馆、纽约公共图书馆等都是如此。如法律阅览室,可以将法律的图书、期刊、工具书、缩微胶卷、视听资料、电子文本、网络资源等集于一室,将印刷文献和计算机检索融为一体,这样可以免去读者包括残疾读者的来回奔波之疲劳。

(三)奠定品牌化服务的基础——特色图书馆

提高图书馆的服务质量,就要提倡品牌服务,这里的品牌,包括受用户欢迎的标志性产品,也包括得到读者承认和信任的高水平馆员。一个图书馆要在未来的服务与管理中得到持续的发展,要提高其核心的竞争能力,就要保持并推出其品牌服务。服务是一种品牌,强调的是一种服务社会的形象与口碑。品牌化服务突出的是服务的特性与特色。品牌化服务是服务品牌的延伸与深化。图书馆品牌化服务的基础主要是特色馆藏。在网络化、数字化不断发展的今天,数字资源是网络服务的基础,具体到每一个图书馆就是特色馆藏的数字化和特色数据库的建设。

如何把有限的经费用在刀刃上,如何吸引住读者,如何使有限的资源充分发挥效益,从20世纪80年代中期开始,许多图书馆便不约而同地在开展特色服务方面寻找突破口。我国公共图书馆界关于图书馆的特色服务以及更进一步升华为特色图书馆的实践探索,便是在这一时代背景下产生的。集中力量在读者需求相对突出、集中的某一方面建立自己的特色形成自己的优势,做到"人无我有,人有我优"是图书馆在现实条件下可以办到且行之有效的办法。因此,特色图书馆也是随着读者的需求变化而产生发展的,它使得公共图书馆出现向专业化发展的趋势。

应区分"特色图书馆"与"图书馆的特色"这两个概念。这些年来,理论工作者普遍强调图书馆要办出特色,包括图书馆的藏书特色问题、图书馆的建筑特色问题、图书馆的管理特色问题、图书馆的人才特色问题等。但这种特色只是各图书馆内局部的变革,因此我们不能将这种现象称之为"特色图书馆",而应称之为"图书馆的特色",这样更为妥帖。无论从理论上还是实践中,办出"有特色的图书馆"和"特色图书馆"都是不能等同的概念,我们不能以偏概全,不能因为一个图书馆在某个方面或某些方面有特色,就将其称作"特色图书馆"。

对于特色图书馆这一概念的提出及界定,目前仍有许多争论,意见并不统一。在这里,我们取一种大家都认同的说法。即特色图书馆是系统组织与管理特定学科(主题、领域)的知识信息,为特定用户群提供特色服务的图书馆。为正确理解特色图书馆的概念,还应从如下几点注意。

1.特色图书馆不隶属于公共图书馆。20世纪80年代中期,我国图书馆事业,尤其是公共图书馆事业发展处于相对低潮时期。公共图书馆为了更好地吸引读者,开展了一系列特色化服务活动,"馆中之馆""专藏室"等十分红火,"特色图书馆"称谓因此在公共图书馆界频频使用。据统计,全国80%县级以上的公共图书馆建设具有某方面的特色,上海市公共图书馆100%具有一定的特色。如果80%~100%的公共图书馆是特色图书馆,那么以后特色图书馆是否可以完全取代公共图书馆的答案无疑是否定的。其实,这只是"特色图书馆"的滥用,把图书馆特色化当作特色图书馆而已。图书馆特色化,是包括公共图书馆在内的所有图书馆追求可持续发展的新举措。自然,特色图书馆也不是公共图书馆的专利,不应当隶属于公共图书馆。

2.特色图书馆也绝不是专业图书馆。专业图书馆,即科学与专业图书馆,亦称专门图书馆。社会教育与科研的需求,是专业图书馆存在的前提,而这种需求无疑是巨大的,因此专业图书馆的数量极多并且自成体系。即使是同一专业的专业图书馆,在全国也构成了本专业信息资源共建共享的图书馆网络。而特色图书馆是特别的或特殊的图书馆,是以特色馆藏资源为特定对象进行特色服务的图书馆。在全国乃至全球,同样的特色图书馆极少,就是那么一两家。显然,特色图书馆与专业图书馆有质与量的区别。

3.特色图书馆不等于图书馆特色化。特色图书馆是指"特色"的图书馆,是独特的而不是普通的图书馆;图书馆特色化是指普通图书馆具有某方面的特色。因此,特色图书馆是全国或全球数量极少的个别化图书馆;图书馆特色化则是图书馆为了更好地为公众服务,追求在某一方面的特色化建设,所有的图书馆都能够而且应当力所能及的"特色化"。由此可见,韶山毛泽东图书馆、网上孙中山图书馆、湖南女子大学图书馆、美国历届总统图书馆和原苏联木头图书馆与泰国水上图书馆等都是特色图书馆;而"馆中之馆""专藏室""特色服务部"以及"一套班子,两套人马"的图书馆都不是特色图书馆,而是图书馆特色化的具体形态,例如甘肃省图书馆(敦煌文献与西北少数民族文献)、南京图书馆(太平天国文献)、北京东城区图书馆(北京服装图书馆)、北京崇文区图书馆(包装图书馆)、天津市少年儿童图书馆的"绿色环保阅览室"以及湖北、上海、广东等某些"特色化"的公共图书馆。

4.特色图书馆相对普通图书馆而存在。多元经济、多元文化,必然要求多元的图书馆。社会分工向专业化方向发展,公民对图书馆需求日益多样化。图书馆类型,在不同国家、不同时间和不同情况下有不同的划分方法,一般以如下标准来划分图书馆类型即按隶属关系、按藏书成分、按读者对象、按主要任务、按所有制等。但特色图书馆不是按这些标准划分。它是以图书馆的功能与作用为标准,划分为拥有普通功能与作用的普通图书馆和超常规功能与作用的特色图书馆。特色图书馆是一个"独立""独特"的图书馆,用"特殊图书馆"或"特别图书馆"称谓或许更为恰当。普通图书馆,尤其是公共图书馆,是保障公民平等地享受教育权利的公益性组织,因而不可避免地存在"千馆一面"的现象;特色图书馆是以特定服务对象为目标,因此拥有独特的馆藏、服务对象和服务方式,但它永远不可能也不应当代替普通图书馆。

5.特色藏书与特色服务是特色图书馆工作的核心。特色藏书主要表现在它系统、全面地收藏特定学科(主题、领域)的文献信息,做到一新二用三适用。它强调文献信息类型的齐全,注意各种载体的收藏。尤其是为了配合科研、生产实验,它在收集文献资料的同时,还要求对相关实物的收藏。

6.特别服务主要表现在要突破传统服务模式、服务范围,要取得独特的服务效果。这种服务除了通常的借借还还、定题服务、跟踪服务、参考咨询之外,还要求视其条件与需要,参与其中,与科研、生产融为一体,如医药图书馆可同时设立医疗门诊、医疗咨询点等。通过利用图书资料与实际运用相结合,进行研究实验,这种服务在某种程度上已不是为他人作嫁衣,而是在为自己服务,因此,它应该是更加主动的服务。

7.特色服务需要专门人才,也为专门人才的培养提供了机遇和环境。专门人才的培养导致服务方式的改变,服务水平的提高。图书馆的"特",服务对象的"广",藏书的"精",人才的"专",成效的"显",互为因果,互相促进。从外界讲,它们可以丰富读者对公共图书馆的认识,增强读者对图书馆服务的信心,从而扩大图书馆的凝聚力的影响。

(四)图书馆教育职能的体现——远程教育

教育职能是社会赋予图书馆的基本职能。学校教育只能伴随人生的某一阶段,而图书馆提供的教育则可以贯穿人生的每一个驿站。在21世纪的今天,面对知识经济的时代,面对亟需终身教育的学习型社会,面对与"信息社会"具有同等涵义的"网络社会"的出现,面对我国教育资源的短缺,必须大力兴办现代网络远程教育,图书馆应该肩负起历史的使命,抓住这一有利时机,扩展图书馆的教育职能,大力开展现代远程教育,带动图书馆网络化、数字化建设,以求在信息社会中占据举足轻重的位置。

治学离不开图书馆,现代网络远程教育的实质是教育者与被教育者之间的知识传递和信息交换,其成功取决于教材、学习辅导材料、传递和交流手段以及技术应用等。对此,图书馆与远程教育先天切、契合,在资源、技术、设备、场所上有着得天独厚的优势,其前景是令人鼓舞的。

1.现代图书馆在远程教育中的作用。长期以来,图书馆对大量的文献资料进行收集、整理和存储,将知识和信息组织化和有序化,形成了丰富而有特色的文献信息资源,这是其他的社会机构所不能比拟的。另一方面,虽然在网上能获得的用于远程教育的文献和信息越来越多,但由于网上信息来源复杂多样,有价值和无价值的资源混杂在一起,真实性和可靠性无法保证,并且网上信息组织化程度不高,处于一种无序化状态,对于那些没有学习过信息检索的人来说,想要准确快捷地检索到所需的信息,反而是越来越难了。而传统图书馆的职能之一就是对知识及信息进行组织和整序,因此图书馆不但能合理地筛选和组织网上的信息,而且能对信息用户进行检索能力的培训。基于以上两个原因,图书馆必然成为信息交流和传递的中心所在,成为远程教育中的重要支撑体系对推动我国教育人信息化进程起到相当积极和重要的作用。图书馆在远程教育中应起到如下几方面作用。

首先是信息的组织和整序。我们知道能够成为远程教育信息资源的有三种:①本馆的馆藏信息;②利用资源共享,共享到其他大学图书馆的数据库;③因特网上的所有信息。图书馆应当用科学的方法和技术组织这些信息资源,尽快地从大量信息资源中收集和筛选出对用户最有价值的信息,把无效的知识排除掉,使其成为真正的资源,并使之有序化,为用户所用。

其次,现代图书馆在远程教育中还可以提供信息服务、文献及信息的发送、创建本馆的主页(homepage)进行服务、聘请学科权威开展在线讲座和在线咨询、开展有特色的网络导航服务。

2.对信息用户进行信息素质的培养。对于部分信息用户来讲,网络还是一个相当新的环境,要达到自如地运用检索工具,查找特定内容还存在着一定的困难。因此,必须对信息用户进行信息素质教育,使其掌握网络信息的知识,基本的检索、选择、评估方法和技巧,以及常用的信息资源,使其既要知道信息资源的所在,又要知道如何去获取。

3.图书馆远程教育面临的问题。

(1)远程教育的技术性引发的图书馆自动化问题:图书馆的远程教育要求图书馆必须实现自动化。图书馆的自动化可划分为数据库建设和网络建设。数据库建设首先应当注意要先用一套功能先进又经济的数据库建设软件。其次应当注意图书馆员在建库时不应只求速度不重质量,一定要把数据库建得规范化和标准化。网络建设则离不开高性能的硬件设备和传输速率高而收费低的通信线路。而在我国目前情况正好相反,是上网交费高而传输速率低。因此,我们应当争取更多的资金支持,加大对图书馆网络系统建设的力度。

(2)图书馆远程教育的开放性引发的知识产权问题:远程教育和文献资料的数字化已经成了未来发展的必然趋势,可是以数字化为核心的信息技术都对知识产权制度提出了严峻的挑战。

图书馆远程教育过程中涉及到知识产权的大致有两方面:一方面是图书馆对文献资料进行数字化,事实上是一种对作品的复制行为,既然数字化属于复制行为,那么归属图书馆在复制时就应得到著作权人的允许。因此,图书馆在制作数据库时应处理好与其他版权所有者的关系。另一方面,图书馆建立起数据库之后,也应注意其他人或机构非法利用图书馆的数据进行商业活动。但是,我国著作权法及实施条件中尚未对数据库问题做出专门规定,而由于世界各国在数据库问题上利益不同,意见也不一致。

因此,高新技术尤其是数字化技术已经使知识产权陷入了前所未有的复杂关系中。值得期待的是在国家自然科学基金项目"高新技术知识产权保护及其传统知识产权制度的影响"的研究中建立知识产权与社会公共利益,包括知识产权与图书馆、公共信息机构、教育与社会公众之间的利益平衡问题已被当作了重点研究的目标。

服务是图书馆存在的理由。而服务质量的提高则需要不断地创新。我们要用"一切为了读者"的服务理念,用网络化、数字化、个性化、国际化的发展理念来重新审视图书馆现在的服务理念、服务内容、服务布局、服务流程、服务方式、服务设施、服务戒律、服务行为、服务形象,都问一下为什么这样做或必须这样做,都思考一下目前这样做是否以读者为本,是否方便读者,是否能够满足读者的需求,是否能够引领读者走向未来。这种思维角度的转换和创新,必然会给我们许多有益的启示和发展的动力。

第四节　读者心理

　　读者心理研究是应用心理学的一般原理、知识和方法,对图书馆读者心理活动(包括读者的心理现象、心理过程和心理机制)进行分析和研究,从而掌握读者心理活动的产生与发展规律,为掌握读者需求动向,最大限度地满足读者的文献需求提供理论依据。我们研究读者心理的目的,在于了解读者心理活动过程,领会读者阅读需要、阅读动机、阅读兴趣、阅读能力等心理因素对读者阅读活动的影响。

一、读者心理研究的内容与意义

　　心理现象通常也被称为心理活动,是除了客观物质现象外,存在于主体(人)自身的主观精神现象,如人的感觉、思维、情绪、意志等,简称心理。人的心理,是世界上最复杂、最微妙的现象。心理现象不同于物理现象,本身没有形状、大小、气味、重量等可直接感知的具体形态,因而不容易为人们所了解,但是它又并非神秘莫测,虚无缥缈,不可捉摸。因为人的各种心理活动是在特定的社会环境条件下,在人们的客观实践活动中产生出来的,同时又会对实践活动产生反作用。因此,通过人类的社会实践活动又可以分析人的各种心理现象,掌握心理活动的发展规律。

　　什么是读者心理? 读者心理的内涵十分复杂,它包含了读者在图书馆活动中的阅读心理和检索心理。读者的阅读心理是指读者在阅读活动过程中表现出来的心理现象,它包括了阅读的认识活动和阅读的意向活动。阅读的认识活动是读者对文献载体上的文字、信息或符号感知的过程,包括感觉、知觉、表象、思维等一系列生理和心理的活动过程。读者经过这些过程吸收并理解文献中所包含的知识和信息。阅读的意向活动带有较多的个人心理色彩,它是受读者的先天特性和社会条件的影响而形成的读者个人的阅读需要、阅读动机、阅读兴趣、阅读能力等。

阅读的意向活动是推动读者阅读的一种内部动力,它直接影响着读者的阅读倾向和阅读效果。读者的检索心理是指读者在文献检索过程中表现出来的心理现象和心理特征。它包括了读者的研究内容及水平深度,读者文献检索的共同心理特征,例如求新、求准、求全、求快心理,以及特殊心理特征;读者的检索能力以及对图书馆工作评价的心理表现。

读者心理的形成和发展是读者内部意识和外部环境现象相互作用的结果,是读者主观因素和各种客观因素相互作用的综合反映。掌握了读者心理的形成和发展,认识和观察读者行为就具有了充分的理论依据,了解读者的种种表现,就能及时把握和预测读者需求及行为的动向,为提供针对性服务打好基础。

读者心理,从主体而论,可以分为图书馆读者心理、社会读者心理。各种知识的交流和传递,都需要在全面了解读者心理,掌握读者心理特征的基础上进行。图书馆读者虽然与社会读者在对象上有交叉,但是因环境、活动方式不同,读者的心理活动有着较明显的差异。因此,我们所说的读者心理,是指读者在图书馆这一特定环境条件下,通过对图书馆资源的利用活动而表现出的各种心理现象、心理特征及心理发展规律。

读者心理研究的内容与目的。读者心理研究是心理学与图书馆读者服务工作相互交叉渗透、结合而成的一个相对独立的领域。一般来说,读者心理研究的主要对象是那些利用图书馆资源中的各类型、各种成分读者群的心理现象,研究他们在利用图书馆这个特定环境中所表现的心理特征和心理现象,揭示读者行为的内在原因及其规律。它是以心理学的原理与方法为基础,以图书馆资源的利用活动为范畴,以图书馆读者为特定的研究对象,以阅读和检索心理的一般规律为主要研究内容,并将读者心理活动与读者服务工作结合起来,形成一个比较系统的体系。

专门的研究对象,决定了读者心理研究的内容。

第一,研究读者在图书馆活动中的认知心理现象。认知心理是读者对文献的载体形式、文字符号及信息内容的感知、记忆、思维等一系列心理活动过程。它是读者接受信息,理解并吸取文献内容的重要心理基础。对读者文献认知心理的研究,就是揭示读者查找文献、使用文献的内在心理机制。

第二,研究读者阅读时的心理意向活动。读者的心理意向活动是指读者自身带有的鲜明的个性倾向性所形成的阅读需要、阅读动机、阅读兴趣、阅读能力等。读者的心理意向活动对阅读的认知过程起着调节和支配的作用。它能够使读者的阅读活动更具有目的性、方向性和主观能动性,是读者阅读认知过程的必要心理条件。对读者阅读的心理意向活动进行研究,主要是为了掌握读者在阅读活动中的各种心理特征。

第三,研究读者心理与读者服务工作之间的关系。读者阅读心理的形成,必然会受到社会发展的影响,而读者心理与读者服务工作之间,客观地存在着相互影响、相互作用、相互制约的辩证关系。读者服务工作只有掌握了读者心理特征,适应了读者心理的需要,才能体现出工作的针对性与有效性,不然就可能表现出盲目性,从而影响工作的准确性。因此,通过对读者心理的研究,揭示读者服务工作与利用图书馆资源之间的相互影响、相互作用的辩证关系,提高图书馆读者服务工作的质量,使图书馆成为社会主义物质文明与精神文明建设的前沿阵地。读者心理的研究工作,应以特定的时间、空间和社会历史背景为条件,这样的研究才会对我们的工作起到指导作用。

我们对读者心理的研究,其意义是它有助于了解图书馆读者心理的形成和规律,以及读者从事阅读的心理机制。其目的是为了充分掌握读者在图书馆活动中的心理变化,以便采取有效措施更好地满足读者需求,提高优质服务的速度和效率,使图书馆读者服务系统达到最佳的运行状态。

第一,研究读者心理,是为了指导读者服务工作的实践,发展和完善读者服务理论体系。读者服务工作具有很强的学术性,对读者的心理分析以及对各类读者需求的调查研究,都是科学性活动。对读者心理的研究成果不但满足了读者的心理需求,并且丰富了读者服务的理论体系,促进了读者服务工作的发展,成为体现图书馆教育功能和信息传递职能的保证。

第二,研究读者心理,是为了建立科学的读者服务体系,变被动服务为主动服务。读者心理与读者服务之间存在着相互影响、相互作用的辩证关系,读者与图书馆员之间互为主客体。我们研究读者在阅读活动过程中的心理现象和心理特征,以及读者心理的形成,对于提高读者服务工作质量是十分重要的。我们从心理学的角度来认识读者、了解读者、研究读者心理需求的特点以及阅读活动的规律,就能主动为读者提供服务,克服读者服务工作中的被动性。

第三,研究读者心理,是为了图书馆员自身的建设,改善和密切与读者的关系。读者到图书馆去是为了选择文献、接受信息,其间与图书馆员的交流,其实质体现了人与人之间的相互关系。在读者与图书馆员的交往中,图书馆员占有主导地位。这对图书馆员的综合素质提出了更高的要求,图书馆员不但要掌握过硬的技术和本领,掌握牢固的专业知识和广博的学科知识,而且还要热爱自己的本职工作,热爱读者,全心全意为读者服务。通过对读者心理的分析和研究,改善与读者的关系,解答读者提出的各种问题,帮助读者检索文献,最大限度地满足读者的阅读需求,为读者提供全面优质的服务。全面系统地研究读者心理,深入具体地掌握读者阅读与检索心理特征,是现代图书馆读者服务工作实践和读者研究必不可少的重要内容。

二、读者心理活动过程

我们所说的心理活动过程是指读者在阅读时产生的心理活动。读者的阅读活动,是以各种各样的心理活动为基础的。依据心理学的原理,人的心理活动过程包括了认识过程、情感过程和意志过程。它们之间有一定的区别,同时又相互依赖和相互促进。

(一)读者心理的认识过程

阅读是人类获取知识的一种重要活动和手段。读者阅读心理活动首先是从对文献的认识过程开始的。这一过程是对读者认识文献的个别属性并加以联系和综合反映的过程。阅读的认识过程就是信息的加工过程,是对所接受的文献信息进行输入、检测、存贮、加工、输出和反馈的过程。在这个过程中,它要求调整人在阅读时的感知、注意、记忆、思维(抽象思维和形象思维)等心理活动因素,使之处于高度积极的紧张状态,来完成对信息的认识过程。

1.读者的感觉。感觉是人的大脑对客观事物的个别属性所做出的直接反映。它是认识世界的感性阶段,是我们追求知识的最初源泉,也是人类心理活动的基础,是人的意识形成和发展的基本条件。感觉的生理基础是客观事物直接刺激于人的感觉器官的神经末梢,引起传导神经的冲动,并将感觉器官接受的信息传递给大脑皮层的中枢神经,于是产生了感觉。各感觉器官都分工执行不同的反映职能。

人类产生感觉,必须具备两个条件:首先要有客观事物进行足够强度的刺激;其次是主体的觉察和接受外界刺激的能力。读者对文献信息的感觉,同样也应具备这两个条件,但由于不同的原因,读者之间对文献信息的感受性差别很大。例如,文献相同,读者不同,就有可能会产生不同的反映,这是因为读者特定的文献需求、特定的心理素质、特定的环境和特定的职业因素所导致的结果。所以读者的感觉是主观因素和客观因素相互作用的结果。就一般情况来看,读者对自己喜欢、符合需要的文献易于产生感觉。读者的感觉是阅读活动的开始。有了感觉,读者就肯主动去了解文献的形式和内容,就会进行认识活动。因此,读者的感觉对心理活动的认识过程有着极为重要的作用。

2.读者的知觉。知觉是人脑对于直接作用与感觉器官的客观事物做出的整体反映。如果说感觉是对客观事物进行具体的、特殊的直观反映的话,那么知觉就是将各种具体的、特殊的感觉材料进行理解综合,并加以解释,然后组合成具有一定意义的对象。因此,知觉是在感觉的基础上形成的,是多种感觉相互联系和综合活动的结果。感觉是知觉的基础,知觉是感觉的继续。

读者对文献信息的知觉,通常要受到主观条件和客观因素的影响和制约。读者的知识和经验直接影响着知觉过程。例如,当读者接触到某一专业领域的文献时,就会很自然地将自己原有的知识和以往习惯的感知方式联系起来,把感觉到的信息归于某一类知识体系中去理解。所以心理学认为,知觉是现实刺激和已存贮的知识经验的相互作用的结果,是确定人们接受刺激的意义过程。在知觉过程中,读者的知觉通常体现出以下特点:

(1)知觉的选择性:具体地表现在读者只挑选对自己有意义的文献作为知觉的对象。原因主要是:其一,读者在获取信息时,不可能把外部环境所有的信息都进行输入,所以在输入刺激的信息时不得不进行选择。其二,读者知觉的根本所在是因为有特定的需要、兴趣和爱好。人们总是选择对自己有意义和有价值的客观事物进行整体认识,因此,读者的知觉过程具有明显的选择性。

(2)知觉的理解性:读者总是用自己拥有的知识和经验去认识文献,以求对文献内容进行理解。因为理解就是意识到事物的意义,是知觉的前提。它通过人在知觉过程中的积极思维活动来实现。任何知觉过程都是在以往的知识和经验的基础上达到理解,使它们更为精确,在理解的基础上实现知觉。文献记录了千百年来的人类知识,是人类知识的结晶,因此,对文献的知觉,尤其需要借助已有的知识和经验,来确认文献的范围和用途,理解文献的内容与意义。

(3)知觉的整体性:是指读者把具体的文献作为一个统一的整体来进行知觉。知觉的对象是一个复合刺激物,由多个部分组成,各个部分又具有不同的特征。读者在对文献进行知觉时,并不是把这些部分割裂开来,孤立地认识,而是将其作为一个整体来知觉。例如,文献具有本质属性和非本质属性,读者对文献的非本质属性容易产生反映,如对文献的作者、书名、载体形式等外部特征迅速地感知,从而进一步判断是一种怎样的文献。因为文献中的各种属性对形成读者知觉的整体性有着十分重要的作用。尤其是文献中各种属性之间的相互关系,在一定程度上决定了知觉整体性的效果。如文献的关键词、主题词等,能让读者形成对文献的整体印象,掌握其内容特征。读者对文献的整体印象都是在理解的基础上建立的,知觉的理解性往往决定知觉的整体性。

(4)知觉的恒常性:指知觉的条件在一定的范围内发生改变时,读者的知觉依然保持相对不变。具体表现为当文献的载体形式、形状及外部特征发生变化时,读者仍然会从文献的内容上去了解它的本质特征。因此,知觉恒常性的意义就在于它可以使读者适应外部环境的变化,从实际需要出发,充分吸收和合理利用文献的内容。

读者的知觉是在阅读活动的实践中产生、完善和精确的心理活动,对读者阅读的活动起到进一步深化的作用。它是感觉和思维之间的一个重要环节,对感觉材料进行加工,为思维活动提供准备条件。

3.读者的注意。注意是指心理活动对一定对象的指向和集中。它不是一种独立的心理活动,而是各种心理过程共有的特性。注意贯穿在整个心理活动过程中。读者的注意对于文献的选择和吸收有着重要意义。例如,读者对某一文献的"注意",就会使他排除干扰,有选择地、集中地利用文献内容。正是由于注意的作用,读者才能使感觉向知觉转化,进而使知觉分析向信息加工和贮存转化,并在此基础上进行深层次的思维活动。

注意可分为无意注意和有意注意两类。无意注意是指一种没有自觉目的的,不需要任何努力的注意。有意注意是指自觉的,需要一定意志做出努力的注意,它服从于一定的工作和学习任务。注意是一种有选择性的行为,表现出读者心理活动的倾向性。通常有以下几种情况容易引起读者的注意:①能够满足读者某种需要的文献;②与读者某种特殊感情有关的文献;③符合读者阅读兴趣的文献;④与读者的知识经验有联系的文献;⑤读者处于良好的精神状态。

由此可见,能够真正引起读者注意的事物大都与读者的主观状态有着密切的某种联系。因此,注意是决定读者整个认识过程的关键因素。为了有助于读者认识活动的发生和进行,图书馆应当采取各种方式和手段,引起读者注意,增强注意的效果。

4.读者的思维。思维是人脑对客观事物间接的和概括的反映。它是在社会实践的基础上进行的。思维的工具是语言,人们借助语言把丰富的感性材料加以分析和综合,由此及彼,由表及里,去粗取精,去伪存真,从而揭示出事物的本质和规律。

读者的思维是指读者对文献内容特征进行概括的和间接的反映。它是读者对文献的心理认知过程。通过思维,读者能够发现和掌握文献内容的共同特征、本质属性以及文献所揭示的事物之间的内在联系和规律。思维活动的基本特点在于它是通过读者已有的知识经验或其他事物为媒介,来概括地反映文献的内容本质,以及间接地理解和把握那些没有感知过的或不可能感知的事物。其意义则在于通过思维活动来认识客观事物或现象,获得精神上的体验和满足,并学习和积累知识经验,用来解决现实问题。

读者对文献内容的思维过程是一个复杂的心理过程,是对文献进行分析和综合的过程,是了解并掌握文献之间的内在联系和规律的过程。其目的和结果,是依靠人的思维能力,发现问题,把握问题,然后解决问题,并从中获得精神上的满足。

(二)读者心理的情感过程

阅读情感是读者在阅读文献时而产生的心理体验。当阅读的文献符合读者需要时,读者就会采取积极的肯定的态度,产生热爱、满意、愉快等内心体验。它是读者心理活动的一种特殊反映形式,贯穿于阅读心理活动当中,对读者阅读行为有积极的意义,它能激发读者阅读的热情。读者心理的情感过程是通过认知活动的"折射"而产生的。它通常受到以下因素的影响和制约:

第一，读者生理素质和心理素质的影响。读者的阅读情感受读者自身的生理和心理素质等主观因素的影响，表现出深刻、强烈的倾向性心理特征。如不同生理特点、不同心理倾向的读者，其心理状态就不同，因而导致了各自不同的情感状态。有的具有喜悦、愉快、积极的情绪色彩，而有的则忧愁、悲观和消极。因此，保持健康而热烈的阅读情感，对读者的阅读效果十分重要。

第二，文献外部特征和内容特征的影响。情绪和情感是人们认识客观事物所产生的一种态度的体验。它是一种心理活动的体现，并伴随着人们的认识过程而发展和变化。读者在阅读文献的过程中，一定会引起情感上的变化。当读者被一部图书吸引，认为符合自己的需要时，就会产生阅读的冲动，体现出积极而且热烈的阅读情感；反之就会产生抵触、消极的阅读情感。另外，不能忽视的是社会环境的影响。不同的社会条件、社会历史环境以及读者的生活工作环境，都决定了读者对文献的需求状态，因而影响和制约着读者阅读情感的发生与发展。

(三)读者心理的意志过程

意志是主动地确定目标，支配自己的行动，克服困难并实现预定目标的心理过程。是人类改造客观世界和主观世界，发展自身能力不可缺少的心理因素。

读者的心理意志过程是指读者在图书馆活动中表现出来的有明确目的的、自觉主动的行动，努力克服各种困难，最终实现利用文献目的的心理活动过程。

当读者具有一个清晰的阅读目标，这个目标激起了强烈的阅读欲望、动机、兴趣，这些又调动起读者的视觉、思维、行动的一切内在潜力，进入到集中全力阅读及其思索的过程中，而忘却其他与阅读无关的事情。这就是在意志的主导下产生的有明确目的和较强自觉性的行为，体现了读者心理活动的自觉能动性。

意志过程与读者的认知过程、情感过程存在着密切的联系。首先，读者的意志活动是建立在对文献信息的感知、注意、记忆、想象、思维等心理过程的基础之上。只有当读者充分认识到文献的价值时,读者才有可能选择各种方式、方法和途径,利用文献内容,实现意志所指向的阅读目的。同时,读者的意志又反过来促进认知活动的深入和拓展,促进阅读活动更加具有目的性和意向性。其次,读者的阅读情感影响着读者的意志过程。另一方面,意志过程又对读者的心理状态和外部动作产生调节作用。

总之,读者心理活动的认识过程、情感过程和意志过程是读者阅读心理过程当中统一的、密切联系着的三个方面。一方面,意志过程依赖于认识过程,但又促进认识过程的发展和变化;另一方面,情感过程影响着意志过程,而意志过程又能调节情感过程的发展和变化。三者相互渗透和联系,共同作用于读者的阅读活动之中。

三、读者阅读心理特征

阅读是人们在社会生活中的一种目的性行为。阅读的整个过程体现为个人的精神活动,它既是一个生理过程,同时又是一个心理过程。研究阅读心理,就是从读者心理的角度,具体研究阅读活动是怎样进行的,读者为何要阅读、阅读什么、如何阅读等。

(一)读者阅读心理类型

1.产生阅读心理活动的因素。读者心理活动的产生受多方面因素的影响和制约,但基本上是受到外部环境和自身需要两个因素的影响和制约。

一方面,读者所处的外部环境是其产生心理活动的基础条件,它可以影响、制约和作用于读者心理活动,并产生变化和发展。读者所处的时代和生活环境包括各种自然因素、社会因素,以及整个社会共同的道德规范和审美标准等。作为社会成员的读者,他必须学习和掌握必要的文化知识,具备一定的工作能力。社会在不断的进步,社会对读者的文化素质的要求,也是有不断提高的趋势。所以,读者就必然要去阅读,获取知识,提高文化素质。当具备了较高的知识能力和工作能力时,才能在社会生活的某一领域找到自己的立足点,才能为社会做出贡献。读者的阅读心理活动明显受到社会生产发展和分配性质的制约,这是读者面临的客观现实。

另一方面,自身需要是产生读者心理活动的内在动因,是读者心理活动发展的直接动力。我们看到,来图书馆的每一位读者所反映出的阅读态度和阅读愿望,都与其个人的心理活动以及个人的社会实践活动有着直接的联系。但读者为了实现自己的愿望、理想、追求,其基本方法和途径有着很大的相似性,那就是去学习,去探索,不断扩充知识、积累知识和掌握知识。这些目标,是激励读者进行阅读活动的强大动力。另外,每一位读者都会对自己的水平、能力和特长等方面有一个估计和评价,也会认识到自己的某些不足和长处。为了使心目中的自我形象向着完美、标准的方向发展,就必然要去拓展知识充实自己。

总之,读者在外部环境的触发和自身需求的推动下,其阅读意识和行为就会主动地、自觉地产生,这是激发读者参与阅读活动的重要因素。

2.阅读心理的类型。读者在阅读活动中表现出来的阅读心理是多种多样的,以读者的阅读目的为标准,读者心理可分为如下几种类型。

(1)求知心理类型:求知心理类型的读者,以青少年读者和普通读者为主体,是各类型图书馆中最基本的读者。其中,又可分为直接的或主动的求知心理和间接的或被动的求知心理。直接主动的求知心理是由学习需求和学习过程的发展所引起的具有主动性特点的阅读行为,它表现为读者强烈的求知欲望和积极性。而后者则是由学习的结果所导致的阅读行为,这种阅读行为的被动性较强。

求知心理类型的读者由于正处在学习知识的阶段,必然有一个循序渐进的过程。所以,在知识的扩大和深化上,都是有计划、有步骤、分阶段进行的。因此,图书馆可根据其特点提供合适的文献资料,使读者的求知心理得到满足。

(2)欣赏心理类型:读者在学习、工作和研究之余,总是希望调剂一下自己的精神生活,要进行轻松愉快的阅读。由于阅读书籍、报刊既是文化娱乐活动,又是一种积极的休息,还能受到教育和启发,所以得到了人们普遍重视和欢迎。从欣赏的角度、层次和情趣来看,因人而异,各有特点。这种欣赏心理类型的读者,对文献内容的需求上具有知识性、趣味性和广泛性特点。有的读者喜欢哲学著作,也喜欢历史著作,还喜欢文艺作品等。有些欣赏与读者自己的职业有关,有的则与职业无关。

(3)研究心理类型:从事科学研究活动的广大科技人员是研究心理类型读者的主体。他们具有专业理论知识,有一定的学术水平和研究能力,担负着具体的科研任务,有强烈的责任感和紧迫感。他们的探究欲望极强,是图书馆科技文献的主要利用者,阅读也是集中在与自己专业有关的文献上。图书馆应尽其努力,为这些读者收集、整理并迅速提供所需的文献信息,让他们掌握所研究课题的最新信息,跟踪科技发展的前沿,早出成果。

在读者各种各样的阅读心理类型中,求知心理类型和欣赏心理类型,是具有读者阅读活动的普遍性和读者服务的共性特征的。而研究心理类型在读者阅读活动中,是较为有针对性和带有个性的心理类型,它是在读者服务中值得重点研究和重点服务的方面。衡量一个图书馆的藏书质量,工作人员的素质水平,工作效率和服务的优劣,重点就是要看对这些读者服务的满足程度。我们研究读者的阅读心理类型,是为了进行读者的基本服务和重点服务做准备,是读者服务工作的一个基本内容。

(二)读者阅读动机

读者的阅读动机,是引发、维持其阅读行为并将之导向一定目标的心理过程,是激励读者去阅读的主观原因,是读者的内部愿望的表现。从心理学的角度来看,人的行为规律是以需要决定动机,动机支配行为,行为指向目标的。阅读动机的出现,以阅读需要作为基础,它是阅读动机的直接动力。人的需要有物质方面的需要和精神方面的需要之分。我们讨论读者的阅读动机,就是要从人的基本需要及由此衍生出的阅读需要出发,分析研究读者在阅读过程中的表现,了解掌握读者的阅读动机和各自的心理活动,灵活运用不同的工作方式,为读者提供高质量的服务。

按照阅读动机所追求的目标来看,主要是为了满足读者提高科学文化水平,解决生产、科研、工作、学习、生活中的问题,丰富精神生活这三个方面的需要。

1.学习的动机。读者出于学知识,打基础,提高文化水平和业务能力的动机,来图书馆进行借阅。例如,大中小学生为配合教科书的学习,阅读一些参考书、课外辅导读物;大批青年为了升学考试、文化考核、业务技术职称的晋升等而系统学习基础知识和专业理论;为了扩大知识面,而广泛浏览阅读各类文献;为了提高业务水平而深入学习专业知识等。此类阅读动机对图书内容的选择具体而明确。图书馆应大力支持和满足他们的学习欲望,帮助他们利用图书馆,完善他们的知识结构。

2.解疑的动机。读者生活在社会中,有各种社会责任,他的收入、地位、荣誉等都与他的工作业绩紧密相连,这会促使读者不断的努力。因此,当读者在科研项目、生产实践、社会交往及工作生活中,遇到某种疑难问题时,就需要到图书馆寻求具体的文献、信息和技术、方法,来解决遇到的实际问题。他们有明确的目的和方向,表现出急切的需求愿望。面对此种类型的读者,我们应当重点服务,针对他们的特点,及时提供急需的文献资料,在最短的时间里,为读者创造一个满意的、解决问题的途径。

3.娱乐的动机。现代社会是一个充满激烈竞争,生活节奏不断加快的时代。人们对精神文化生活的需求显得十分迫切。各种娱乐活动可谓内容广泛,形式多样。由于阅读书籍、报刊既是高尚的文化娱乐活动,又是精神放松,解除身体疲乏的积极休息,还能受到教育和启发,所以得到人们的普遍重视和欢迎。持有娱乐动机的读者对文献内容的选择上,最大的特点就是广泛,在自己的兴趣所及,各类图书都会读一读。图书馆应积极主动地为读者提供健康、有吸引力的书籍,帮助读者选好书、读好书,进而使他们既放松身心又开卷有益。

(三)读者阅读兴趣

阅读兴趣是指读者对文献信息所表现出来的积极探究的认识倾向,是一种具有稳定性和趋向性的心理表现。它能够反映读者的阅读倾向,对读者选择文献信息起到引导作用,是读者阅读效率的主要动力。随着人的体力、智力的成长和成熟,随着人的活动范围的扩大,社会实践的增多,可能形成各种各样的兴趣。而读者的阅读兴趣也是非常复杂的,其表现也有所不同,因此在阅读行为上会产生很大差别。有的读者具有广泛的阅读兴趣,有的则比较狭窄。

广泛的阅读兴趣可以使读者获得更多、更大的知识范围,用以适应现代科学技术综合发展的需要。而狭窄的阅读兴趣,能使读者集中于特定类型或学科的文献阅读,从而对某一方面的知识达到精深的程度。在阅读过程中,最佳状态是将广泛的阅读兴趣与专门的阅读兴趣结合起来,使读者的智力结构得到协调发展。有的读者虽然具有广泛的阅读兴趣,但经常变化,不能持久地发展下去,表现出分散和多变的特点;而有些读者则表现出浓厚的阅读兴趣,始终朝着自己的目标前进。他们在阅读文献的过程中具有集中性和稳定性的特点。

研究读者的阅读兴趣是图书馆读者服务工作的一项重要内容。读者到图书馆来查阅文献,虽然各自的要求和目的并不一致,但都有一个愿望,就是希望查到自己需要的文献,看到自己感兴趣的图书,并在这方面能得到图书馆相关书籍的帮助和指导。读者之水平、能力和兴趣是有差别的,图书馆必须根据读者的具体情况,采用的阅读用不同的服务方法,分别给予帮助,让读者找到最适合自己的图书文献,在阅读的过程中,取得事半功倍的效果。图书馆要深入了解读者阅读兴趣的种种心理过程,帮助他们认识阅读兴趣对阅读行为产生的影响,树立正确的理想和目标,培养读者自觉阅读、主动学习的能力,并根据自己的兴趣进行有效的阅读,进而扩展广泛、稳定的阅读兴趣,促进人们的思维活动,提高其从事创造性活动的水平。

(四)读者阅读能力

文献作为一种信息资源,其价值取决于读者对文献内容的要求和掌握,以及运用这些信息或知识改善自己的知识结构,提高认识世界和解决实际问题的能力。在图书馆的读者群中,表现出来的阅读能力是不同的。我们通过对阅读能力的研究,掌握他们的阅读特点和心理活动的规律,以便采取主动的对策,提供有效的服务。读者的阅读能力是指其在阅读活动中对文献资料充分利用的能力,它体现在以下几个方面。

1.选择文献的能力。在文献信息量非常丰富的环境中,阅读必须具有高度的选择性,它包括了解自己所需要的文献范围和重点,掌握文献的检索途径与方法,能够鉴别文献内容,然后精选出最有价值、最适合自己需要的文献资料。

2.掌握阅读方法的能力。学会使用各种阅读的方法,灵活有效地运用相关阅读技巧,是体现读者阅读能力的重要方面,是读者进行阅读活动并取得效果的保证。衡量阅读技能有两个主要指标:一是阅读速度,二是阅读成效。

3.理解文献内容的能力。阅读文献的基本要求,就是要读明白文献内容,能完整准确地把握文献的主要意义,深入地领会文献的实质。理解能力的基础来自读者自身知识储备的广度和深度,基础知识越扎实,理解能力越强,阅读效果越好。

4.消化和运用知识的能力。阅读文献的最终目标,就是充分吸收文献所载的知识,并把这些变为个人知识体系的有效组成部分,然后灵活地加以运用。读者具备了这种能力,才会收到学以致用的效果,才会不断扩大自己的知识领域。

以上四个方面,既相互区别又密切联系,统一在阅读活动的过程中。显而易见,读者阅读能力的高低取决于读者的文化程度。文化程度高的读者因知识面较宽,相应的阅读能力就高,反之亦然。

不同阅读能力的读者,在阅读行为上有较大的差别。无论是对文献的内容、鉴赏水平和选择行为上都能体现出这种差别。比如：同样内容的文献，有些读者评价甚高，而有的读者却反映平平。这就说明读者对图书内容评价的能力上存在着差异。在文献的选择上，有的读者可以自己从信息网络上查找所需要的文献和信息；有的可以利用图书馆的各种目录，选择和利用文献；有的则需要在工作人员的推荐和帮助下开展阅读。因此，对于不同阅读能力的读者，我们要掌握他们的阅读特点，采取有选择的服务方式，针对不同情况，提供适应性的服务。

第五节　读者需求

图书馆是社会发展需要的产物，这种社会需要的具体表现就是读者需求，图书馆就是以读者为对象的存在物。没有读者的需求就不可能有图书馆的生存和发展。我们研究读者需求，有利于图书馆工作人员业务水平和自身能力的提高，完善和发展图书馆的各项职能，从而促进图书馆事业的发展。

一、读者需求的概念和意义

读者需求是指读者对适用图书文献的寻求过程。它以读者的阅读目的为出发点，而以其适用文献的取得为结果。此过程体现了读者与文献之间的关系，属于阅读行为的前期活动，取得适用图书文献的过程就是满足读者需求的过程。

从广义上讲，读者需求是图书馆读者对图书馆资源的需求。图书馆资源包括：①精神资源，即记载人类精神生活结晶的书刊文献资源和以简洁文字著录这些书刊内容的目录资源；②物质资源，即图书馆的建筑设施、设备等；③人力资源，即图书馆的工作人员。很明显，读者不仅需要图书馆为他们提供精神食粮，也需要图书馆提供优雅、安静的阅读环境和先进的服务设备，同时，还要求图书馆工作人员的热情周到的服务。这三方面是相互联系的。

从狭义上讲,读者需求就是对书刊文献资源的需求。所以,读者需求其实就是读者通过阅读活动,从文献中获取知识和信息,由此产生对文献的研究和利用,使读者的阅读效益最大化。读者需求总是以自身的某一种具体需要为起点,并体现在阅读内容、阅读行为和阅读效果之中。其表现是阅读内容依照需要进行选择,阅读行为按照需要加以控制和调节,阅读效果针对需要做出评价,阅读活动满足需要继而更加深化。读者需求不仅是个人的某种需求,也是社会需求的表现。因此,不断变化、复杂多样的特点贯穿于读者需求的图书馆工作应对此给予以极大的关注。

二、读者需求的意义

需求是图书馆赖以生存和发展的基础。不难想象,一个不满足读者需求,也就是没有读者的图书馆,其存在有何价值?随着社会、政治、经济、文化的发展,人们需要一个传播科学文化知识、保存人类精神财富、传递信息情报等文化机构的存在,以适应各方面的发展,这便是我们所说的社会需求。这种需求具体体现为读者的需求,随着这种需求不断增加而更新变化。因此,作为满足这种需求的图书馆来说,其内部机构、服务方式等都要相应变革。

读者需求与满足这一需求的图书馆资源和服务工作相互矛盾的运动,便推动了图书馆的向前发展。随着科学技术的飞速发展,图书文献的大量增长,社会的发展需求又赋予了图书馆参与情报传递的社会职能,而现代化的电子计算机、缩微技术、视听技术的应用则是更好地满足这一需求而在服务方式上的变革。在信息时代,读者需求又出现新的变化,使传统手工式服务的图书馆逐渐向现代化网络图书馆、虚拟图书馆转变。

1.最大限度地满足读者需求是图书馆工作的核心。图书馆的内部机构设置、藏书的最佳布局、藏书体系的形成、读者服务方式的确立等都是围绕读者需求这一目的展开的。例如,图书馆的文献服务、情报服务、技术服务等,其存在的目的就是为了满足读者对书刊文献的借阅需求、情报信息需求和特种技术需求。

2.研究读者需求,摸清读者需求规律是有效地针对服务、区分服务的前提。掌握各类读者需求的特点就能最大限度地避免工作中的盲目性,有针对性地采取相应服务方式,从而提高服务效率,达到好的服务效果。同时,图书馆传统的服务手段很难满足读者的所有需求。这是图书馆矛盾的普遍性。但区分各类读者需求的主次,分清哪些应该重点服务、哪些应该急需服务、哪些应该一般服务,这是化解矛盾的一个重要途径。比如图书馆的采购部门可根据不同读者需求和本馆任务,适时有效地选择采购文献,建立最佳的藏书体系;服务部门针对读者需求,可采取灵活有效的服务方式;领导部门可根据图书馆读者需求的结构层次,针对性地制定出工作部署和工作计划等。

3.对读者需求的满足程度是衡量图书馆工作效率的重要指标。图书馆对读者需求的满足程度如何,不仅说明图书馆的服务工作是否有效,同时也说明图书馆的藏书结构是否与读者需求相符合。因为有效的服务要以合理的藏书结构为基础。它既涉及到图书馆各服务部门的服务流程,也与图书馆领导部门的决策有关。而全面衡量图书馆的工作效果,对读者需求的满足程度进行的定量分析主要是通过拒借率的统计。在分析时还要与读者需求状况即藏书流通率、读者到馆率、图书周转率等结合起来研究,找出其症结所在,从而更好地提高服务效果。

三、读者阅读需求的类型

读者在阅读活动中表现出来的兴趣和需求是多种多样的。从不同的角度和标准出发,会看到各不相同的读者需求类型。各种类型的图书馆要根据各自的性质、规模和任务,认真分析读者需求的类型和特点,以便更好地为读者提供服务。读者阅读需求大体可以总结为如下几种类型。

(一)社会型读者需求

在社会发展的某一过程中会出现各种类型的读者。社会型读者需求,简单来说就是大家都在阅读类型相近的书刊文献。它明显地展示出时代特征和发展潮流的需要,此类读者需求不是个别的现象和主观因素造成的,而是社会需求和客观发展的趋势。例如,当国家政策转变、社会转型的初期、某一新技术的普及应用等时期,许多不同职业、不同文化程度、不同兴趣爱好的读者群,会不约而同地阅读有关的书刊文献,成为社会上的阅读热点。这说明读者的阅读需求从一个方面反映了社会政治、经济和文化状况,具有时代发展的特点,与社会生活的各方面发生紧密联系。

在社会政治的、经济的、文化的诸因素中会给读者阅读需求不断施加影响,甚至在阅读文献的版本、内容,需求的强弱程度以及趋势等都会有巨大的作用。这种社会型的读者需求呈现出的突出特点,就是读者在一个阶段对文献需求的数量较大,读者阅读的时间相对集中,使得某些文献暂时数量紧张,成为众多读者的阅读中心。随着时间的推移,社会潮流的变化,社会型读者需求也会随之发生转变,有的会从短暂的阅读需求变为持久的阅读需求,有的会发生转移,形成新的阅读需求。面对这种社会型读者需求,图书馆工作者要用敏锐的观察和科学的态度认真对待,要经常关心国内外发生的大事和社会发展的趋势,同时要分析这种读者需求的性质、规模、强度以及时间的长短,掌握读者需求的发展方向,使读者的长久需要与现实需求充分地结合在一起。与此同时,应做好图书馆藏书的调配工作,加强图书的宣传,促进图书的流通,满足大量的阅读需求。

(二)专业型读者需求

专业型读者需求是指从事学习、工作、研究等专业活动的读者所提出的文献需求。这种阅读需求经常与读者自身的业务工作、专业学习和研究活动紧密联系。研究活动的开展确定了专业需求的范围、内容和要点。一旦满足了专业读者的需求,则使得读者在专业知识技能和解决具体问题的能力上有所提高,又会推动专业实践活动的进一步深入发展。

由于专业型读者需求与其从事的专业实践在内容、目的、范围、时间上有一致性,因而体现出明显的职业特征,这种需求是为了解决面临的实际工作任务和难点,表现为具体实际的问题。其需求的特点是专业性、资料性、咨询性。他们的阅读目的明确,干哪种工作,就阅读哪类文献,以求提高自己的专业知识和专业技能。因此,在阅读活动中,各种行业、职业、工种的读者,按照自身业务要求,其阅读需求和阅读倾向比较固定,对文献内容的要求具有针对性。相同行业、职业、工种的读者,其专业阅读需求的指向差别不大,但由于年龄、文化、知识结构和素质的不同,就会在文献利用的侧重点以及深度与广度上存在差异。一般来说,从事较为复杂的专业工作的读者具有专业阅读需求,而且需求的范围比较广、专业性强、水平较高、持久稳定。研究专业型读者需求的共性和个性特点,有利于更具针对性地做好读者服务工作。

(三)研究型读者需求

研究型读者需求是指为了解决某一研究课题,完成所担负的具体研究任务而产生的阅读需求。具有研究型需求的读者往往是围绕研究内容组织和开展阅读活动,以便了解课题的研究动向,掌握课题的研究水平。因此,这种读者需求所涉及的阅读范围具有长期的指向性和专业性,体现出较强任务规定性特点。

读者在研究课题的几个阶段中,根据不同的进展情况,提出对文献内容的范围和要求。任何承担了科研课题的读者,受研究任务的制约都会表现出积极的研究型阅读需求。如在科研项目选题阶段,读者通过查阅文献,了解某一领域哪些研究课题具有现实意义且有待深入发掘;在调研阶段,通过普查文献,了解本课题的研究成果及动向,从中筛选可供参考的资料、数据、事例和方法,以启迪思路,开阔眼界、形成新的认识等。研究型读者需求还具有较强的自发性特点。

总之,研究型读者需求是将阅读活动与创造性活动紧密结合的阅读需求。在有着较高文化素质和研究能力的知识分子读者群中,这种阅读需求比较普遍。研究型读者需求对文献有着一定的要求,具有全面系统、准确具体、新颖及时和针对性强的特点。但由于这些读者在能力上存在细小差别,导致读者在文献利用上有所不同。因此,对于研究型读者的需求,图书馆工作人员要采取不同的方式,不懈地搜集、加工、整理和提供有关文献,为读者提供重点服务,不断满足读者的研究需要。

(四)业余型读者需求

有许多读者在工作、学习之余,从个人的兴趣和爱好出发,自发地产生的一种阅读需求称为业余型读者需求。这种需求与读者的工作和学习一般没有直接的联系,受自己个性心理因素的影响较明显,反映了个人的爱好倾向及心理特征。与其他类型的读者需求相比,业余型读者需求是最为常见的读者需求,几乎所有读者都有这种阅读需求。如在人们遇到衣食住行方面的问题时,当人们想养身防病,锻炼保健时,当人们要旅游、购物、化妆美容、适应社会、增长知识等时,都表现出这种需求。尽管这些是个人兴趣的表现,但受读者文化程度及素质品质的制约,以及社会、家庭、职业等多种因素的影响,业余型读者需求也会存在很大的不同,有些阅读需求成为读者个人发展方向的重要指导。因此,图书馆要善于发现和引导读者健康的业余需求,培养读者对科学技术、文学艺术的浓厚兴趣,陶冶情操,开拓视野,使读者的阅读活动得以健康、有效地实现。

通过对上述各种类型读者需求的分析,我们可以找出他们之间的共性和个性的特征。社会型读者需求和业余型读者需求,具有较广泛的社会性和读者服务的共性特征。而专业型和研究型读者需求,则具有读者需求的个性特征,也是我们在读者服务中的工作重点。一个图书馆的工作、文献收藏质量、工作人员素质水平、工作效率和服务能力的高低,就看它对重点课题、重点项目、重点读者的专业型和研究型读者需求的满足程度、服务速度和服务效果的层次好坏。我们研究和掌握了读者需求的主要特征,就可以对读者进行充分服务和区分服务,也是读者服务工作的重要环节。

四、各个系统图书馆读者需求的特点

(一)高校图书馆读者需求的特点

我国图书馆根据所属的部门分为三大系统:高校系统图书馆、公共系统图书馆、科研院所与专业机构图书馆。各个系统图书馆,其读者需求有各自的特点。高等学校图书馆的主要服务对象是学生读者和教师读者。他们具有各自不同的特点,因此对图书馆的需求也有明显的差别。

1.大学生读者需求的特点。大学生读者是高校图书馆中最为主要的读者群体,分析他们的需求特点,满足他们的阅读需求,是高校图书馆读者工作的重要任务。大学生读者对文献需求有如下特点:

(1)对教学用书的需求有稳定性、集中性和阶段性的特点。由于专业的设置和教学计划的安排以及课程开设、教学内容体系规定了教学用书的基本范畴,使得教学用书在大学生读者当中具有相当的稳定性。教学用书的集中性表现为使用的种类和复本集中、读者数量集中和利用时间集中。这一特点在高校图书馆的大学生读者中尤为突出。在大学教学过程的各个阶段,教学用书呈现出周期性循环往复的使用状态,有较强的阶段性规律特征。

(2)阅读活动与所学专业和将来的职业工作相联系。大学生读者的阅读兴趣、阅读目的等在很大程度上受到未来工作需要的指导和影响。因而,他们比较倾向于专业文献的阅读,以及与专业相关的一些学科文献的阅读,渴望获得更多的专业知识。

(3)大学生读者思想活跃,对新鲜事物和精神文化生活有较高兴趣,他们的阅读需求高于其他读者。

在结合教学内容阅读文献之外,大学生读者根据个人爱好的发展,还会阅读许多的课外读物,涉及面非常广泛,不仅仅是专业书籍、教材和教学参考书,还会有选择地阅读文学艺术、哲学法律、体育文化等方面的书籍。无论是社会环境还是个人主观愿望,都在激励大学生读者多学知识多读书,从中寻找他们需要的内容,以充实他们的生活,提高自己的文化素质、工作能力、研究能力。因此,他们的阅读热情、态度、目的都表现出强烈的求知欲望。

针对大学生读者的阅读需求特点,图书馆应科学地安排教学用书的借阅工作,充分利用图书馆馆藏的文献资源,为大学生读者提供满意的服务。

2.教师读者需求的特点。高等学校图书馆中的教师读者是重点服务对象,这是由于他们在高校所承担的任务决定的。教师读者从年龄结构上,可以区分为老年、中年、青年教师三个层次。他们在利用图书馆的过程当中,表现出的文献需求特点也有不同。

(1)老年教师多年从事高校的教学和科研工作,他们有丰富的经验,是学校里教学科研的主导力量。他们主要负责著书立说,带研究生,培养高级人才的任务,同时,也承担一些重要科研项目。老年教师经过多年积累,个人的专业藏书比较丰富,他们对图书馆文献资料的利用,主要是查找一些有关的最新研究动态、外文资料及历史文献等。对于这些老年教师所需的文献资料,图书馆的工作人员有义务协助查找,以便使他们将宝贵的时间用于科学研究和人才的培养上。

(2)中年教师年富力强,处于教学和科研的第一线,是高校当中教学科研的骨干力量。他们有着扎实的专业知识,有丰富的教学经验和较高的学术水平。面对着繁重的教学科研任务、频繁的学术活动,以及自身需要的知识更新与学习提高的压力,往往需要查阅大量的文献资料。他们在文献的选择上,通常是利用图书馆的目录和各种检索工具查找文献,并习惯于自己查找,但也希望图书馆工作人员帮助查找。其对文献资料的内容范围主要集中在与本学科和专业有关的书刊文献。他们还希望工作人员提供更高层次的二次文献和三次文献,以便了解国内外的学术动态。

(3)青年教师思想活跃、精力充沛,是高等学校教学和科研工作的新生力量。他们刚走上教学岗位不久,大多数担任教学辅导工作,同时也在不断积累和提高自己的基础知识、专业素质、教学经验的能力。他们学习勤奋、工作热情高,对利用图书馆有很高的积极性。无论是在来图书馆的次数上和时间上,还是涉及文献的内容上和借阅量上,都是很多、很广、很大的。图书馆工作人员应针对青年教师的阅读需求特点,以多种形式的服务,满足读者的需求。

(二)公共图书馆读者需求的特点

公共图书馆是指文化系统的公共图书馆。包括:国家图书馆,省、市、自治区图书馆,区(市)、县图书馆及文化馆图书室、儿童图书馆、乡镇街道图书室等。它担负着为科学研究服务和为大众服务两大任务。在促进国家的发展,提高全民族科学文化水平方面发挥着重要的作用。与其他各类型图书馆相比较,它服务范围很广泛,接待的读者是全社会各个阶层的普通读者。这些读者大体上可以划分为欣赏型读者、学习型读者和研究型读者,他们在文献需求上有各自的特点。

1.欣赏型读者。欣赏型读者是公共图书馆读者中人数最多的读者类型,由于他们的职业、年龄、文化程度等存在着差别,兴趣爱好各不相同,因而他们的阅读包罗万象。具体到每一位读者的阅读需求是什么,取决于读者个人的兴趣爱好及需要。例如,有些读者是因为对一部文学作品及其作者感兴趣,到图书馆来借阅,以便加深理解;有些读者是为了解决日常生活中的实际问题来图书馆借阅书刊,以求学以致用;还有一些读者是想在紧张的工作学习之余,放松一下,来图书馆随意翻看一些轻松愉快的书刊,以达到休息的目的等。其中,中外文学书籍的借阅量很大,占总流通量的半数以上。这是因为文艺作品本身具有的吸引力所致。

文艺作品反映了广阔的社会生活画面和人们丰富的精神世界。读者从文艺作品中,能学习到广泛的社会知识,了解人生的道路历程,从中受到启发、教育、感染,获得艺术美的享受,甚至心灵的震撼。优秀的文艺作品能使人们奋发向上。文艺作品对读者潜移默化的作用是很强烈的。图书馆应引导读者阅读健康、优秀的文艺作品。

公共图书馆的读者主要是利用业余时间和公休假日,来图书馆借阅图书、阅览报刊。由于受到利用图书馆的时间限制,许多读者采取以外借形式为主,在馆内阅览为辅的形式。图书馆对于这一类型的读者可以通过做好咨询辅导、目录指南、流通服务、阅读指导等活动使之健康发展。

2.学习型读者。学习型读者在公共图书馆读者中占有一定的比例,包括接受成人教育等自学考试的学生和社会上有学习需求的青年,以及一些企事业单位的在职人员等。他们的阅读需求是以提高科学文化知识水平、业务技能、增强自己的人生本领为目的。如专业学习、文化考核、技术革新等,他们的阅读目的明确,有一定的学习计划,是有步骤、按阶段进行的。

学习型读者会根据自己的学习计划,借阅必要的教科书以及参考书籍等,因此公共图书馆是他们主要的学习场所。他们需要的书刊资料具有专业性、系统性强,并按进修自学的阶段依次递进的特点。还有许多工矿企业普遍实行科学管理,对职工进行文化、技术的培训,以提高企业的竞争能力。这使得像数理化基础参考书和一些应用技术图书的需求量会大增。

由于学习型读者正处在知识学习的阶段,在知识的扩大和深化上必然有一个循序渐进的过程。所以,图书馆在提供读者所需的图书资料时,既不能操之过急,提供一些过于专业、内容很深、超出他们学习能力的图书资料,使他们难于理解和掌握,欲速则不达,又不要提供那些落在他们知识水平后面的图书资料,使他们的学习无所进展。

另外,这种类型的读者在利用图书资料的目的性上,并不十分复杂。尤其是接受成人教育的学生以及接受技术培训的人员,所需的书刊资料都与自己所学的专业有着密切的联系。

3.研究型读者。研究型读者约占公共图书馆读者人数的1/5,虽然人数不多,但却是很重要的服务对象。他们大多是厂矿企事业单位中的研究人员和工程技术人员。这些读者往往为了十分明确、具体的目的来到图书馆,查阅一些专业性很强的文献资料,以便完成科研生产课题的需要。对于这些研究型读者的文献需求,图书馆应及时提供系统完整的有关文献资料,以便满足读者的要求。

研究型读者通常比较注重文献的检索活动,这是因为研究型读者都具有一定的文献选择和获取能力,而且有时间亲自查找文献。选择和获取文献的过程,本身就是科学研究活动的重要组成部分。在文献利用的时间上,研究型读者具有较强的连续性,这与他们的工作性质有关,也是因为他们的工作时间和业余时间很难分开。如有文献需求,他们会到馆里查阅、检索很长时间。

研究型读者对于自己所研究的项目有着浓厚的兴趣,对探索和发现有着强烈的欲望及热情。图书馆在为他们提供基本的借阅服务的同时,还要开展定题服务、查新服务、文献调研服务、科技文献通报服务等高层次的服务,做好科学研究的文献资料准备工作。

(三)科研与专业图书馆的读者需求的特点

主要指科研院所与专业机构图书馆,包括:科学院及其分院图书馆,政府部门、各部所属研究机构的专业图书馆,机关团体图书馆(室)等。它们的服务对象大多是科研人员与工程技术人员,比较固定,文化水平高,专业能力强,这些读者的文献需求首选在专业图书馆里查阅。

1.科研人员文献的选择的特点。

(1)文献需求具有全面性:科学研究工作既是个人的创造性劳动,同时也要继承、借鉴前人的科学研究成果。因此,科研人员一定会去了解这个领域内的发展状况以及国内外的研究趋势,这样就需要掌握许多信息、大量的文献资料,以便充分做好科学创造的前期劳动,从而可以全面正确地认识和反映客观事物,确立自己的研究方向,促进科学研究工作的顺利展开。

(2)文献需求具有系统性:科学研究项目确定以后,就文献需求的内容来讲,既需要与研究课题有密切关系的专业文献资料,也需要借鉴相关学科的文献。这是由于学科专业的细划、边缘学科的不断出现,各学科之间交叉渗透,有向综合化发展的趋势。就文献需求的文种来讲,中文文献、外文文献都会涉及,其中外文文献利用的文种较多的是英文、俄文、日文等。在文献类型上,利用最多的是中外文期刊,其次为中外文图书、专利文献、议论文等也占一定比例。在文献的时限上,需要利用最新、最近的文献,要求内容新、时间快、使用价值高。对于一些以前的具有参考价值的文献,也会系统地查阅,以求全面系统地分析问题,促进科学研究课题的顺利进行。

(3)文献需求具有阶段性:根据研究课题的进展,利用文献资料呈现明显的阶段性。一般可以分为选题阶段、调研阶段、总结或撰写论文或进行具体设计的阶段以及评审阶段等。各个阶段对文献资料的利用都有不同的要求。比如,在选题阶段,通过查阅文献,了解某一领域内已有的研究课题,并了解哪些课题有现实意义而尚待深入,哪些课题已有成果而避免重复;在调研阶段,当课题选定之后,可以通过对文献资料全面普遍的了解,从而掌握本课题的现有研究成果与动向,并筛选出可供参考的数据、资料、事例和方法,以启迪思路,扩大视野,形成新的知识;在总结或撰写论文或进行具体设计的阶段,要对已筛选出的资料去粗取精,去伪存真,对资料有一个浓缩过程;在评审阶段,需要对研究成果从资料角度进行验证,旁征博引来鉴定和审查研究成果,分析、对比、评价其学术价值和现实价值等。

(2)工程技术人员文献需求的特点:主要表现为新颖性、专业性、可靠性、适用性、系统性、及时性和针对性,并经常查阅许多学科和技术领域的文献资料,这是由于工程技术人员在创造具体产品时,需要全面掌握产品设计、制造、原材料、能源、环境和法律等方面的知识。还会需要有关新产品、新技术、新工艺、新理论、新发明、新方法、新思想方面的文献资料。例如,专利发明、产品样本、技术标准等是他们十分感兴趣的信息源。他们往往需要图书馆与之配合,提供定题信息服务,希望提供的文献资料快速及时,适用具体。这是因为在新产品的研制过程中,要考虑竞争的因素和市场的因素。

产品的发明创新完成的越是提前,就越是有可能获得更多的效益。

五、读者需求趋势及评价

自从我国实行改革开放政策以来,人们的物质生活水平有了较大提高,文化生活日益丰富。读者对文献信息的需求极为强烈,主动性的阅读活动有增强的趋势。因此,在当前网络环境的新形势下,读者的阅读需求出现了一些新的变化,应当引起图书馆的注意。

(一)读者需求的变化趋势

随着我国经济的快速发展,社会生活的各个方面也在发生着巨大的变化,图书馆的读者需求也会产生相应改变,不仅读者的数量迅速增加,而且读者的信息意识逐渐增强,需求向获取信息量的方向变化。在改革开放的大环境下,随着社会经济的不断发展,有许多潜在的读者转化成为图书馆的现实读者,使得各级图书馆读者人数增加,信息需求量增长,需求的范围更趋广泛。

读者需求由传统的二三次文献信息需求,向前沿信息与研究进程中的信息需求相结合的方向发展,以实现由低层次读者需求向高层次读者需求发展,读者需求由以学科信息需求为主,逐步转向技术经济信息需求。由于价值观念的转变,人们普遍认识到信息是潜在生产力。读者对技术经济信息的研究、开发与应用,技术的引进、吸收与创新,市场预测与推广前景的需求量呈上升趋势。

读者需求的多学科、多样化要求日益明显。自实行对外开放政策以来,我国与世界各国的交往日益频繁,大量的信息互相交流,使得读者的眼界射向各种观点、各种题材、各种风格及各种流派的著作。读者需求的范围之大,兴趣之广泛超过以往许多倍。

读者对文献信息获取的手段由以手工为主向自动化网络化为主的方向转化,需求的全面性、系统性不断地提高。国内产、学、研各个系统之间的需求加强。随着科学技术的不断发展,国际间全方位的文献需求增加,表现出跨时空的信息需求。

对非文献型信息及零次信息的需求呈发展趋势,在技术引进的过程中,软件引进受到重视。

　　总之,读者的阅读需求是会随着社会生产的发展和生活条件的变化而不断得到满足与变化,它们不是固定的、静止的,读者最初的阅读需求得到满足后,又会产生新的更高要求的需求,这是一种客观发展的趋势。

(二)读者需求的评价

　　图书馆的读者需求是读者选择文献的前提与动力,但读者的需求视个体的差异而有变化。因此,要全面并正确地认识读者需求的特点及其规律,就有必要对读者的不同阅读需求进行具体的调查和分析,以便做出较为合理的需求评价,这也是读者服务工作的基本内容之一。评价读者需求应考虑如下几个方面。

　　1.读者的自身特征。包括职务、职称、学历、工作性质、信息意识及年龄、性别等方面。读者的这些个人因素往往会产生不同的文献需求,并决定着读者需求的主要特点。在评价读者需求时应当作为优先考虑的一个条件。

　　2.读者需求文献的主题内容。系指所需文献是属于哪一专业或哪一学科,还是属于某一特定内容的文献。因为这些问题会涉及到读者查找文献的方法,选择哪种检索途径,确定哪些类目或主题词作检索的关键所在。

　　3.读者需求的文献信息类型。系指读者需求的是数据信息、事实信息还是文献信息。如果是文献信息,还要进一步了解是图书还是期刊,是一次文献、二次文献还是三次文献等。这样,图书馆工作人员可根据各类文献的使用方法提供优良的服务。

　　4.读者需求文献的数量总和以及读者浏览和阅读文献的总量。这是衡量读者消化吸收信息能力的主要依据。

　　5.读者要求提供信息的完整性、准确性。图书馆对读者提出的文献需求应给予满足,包括对读者所需信息的出版年代,以及对提供信息的时间期限和及时性的要求。

　　6.读者获取信息的方法和习惯。读者是通过正式渠道还是非正式渠道获取信息,读者获取信息时习惯采用哪种方法,是评价读者需求的重要部分。

7.读者需求的阶段性。比如大专学生、科研人员等在学习、科研设计的不同阶段,需求文献信息的内容与程度是不同的,掌握好读者的这些需求特点,才能真正做好读者服务工作。

我们对读者需求做出评价,并不是去强调读者需求的一致性,而是要找出读者需求之间的差别,以便进行充分服务和区分服务。这是读者需求很重要的方面。

第五章 图书馆用户教育

图书馆用户教育是图书馆读者工作深入发展的产物。随着图书馆读者工作的深化,各类型、各级次的图书馆的领导和读者工作者深刻地认识到,要想更好地实现图书馆工作的社会价值,不但要下功夫做好具体的文献流通服务工作,而且还要努力做好读者用户利用图书馆的技术能力的培训、教育工作,只有这样,才能在更好地发挥图书馆的教育作用的同时,充分实现图书馆馆藏文献信息的作用。

第一节 用户教育概述

什么是用户教育? 用户教育有什么作用? 用户教育的目标是什么? 用户教育应确定什么原则? 对于众多从事图书馆读者工作的人而言,可能对此还知之不多,知之不深。在本节的内容中,我们可以找到最基本的答案。

一、用户教育的意义

(一)什么是用户教育工作

"用户教育",作为学术界研究的课题,其基本含义尚无定论。无论是国外的还是国内的专家、学者,都从不同的角度对用户教育进行了定义,提出了不同的观点。

缪斯(Mews)在她的《读者教育》一书中把"用户教育"定义为一种帮助读者最佳地使用图书馆的教育。1973年在英国巴思召开的专题讨论会上,与会者指出,用户教育的目的不只是促进对图书馆的使用,而且要认识到图书馆只是情报源的一种。

瑞典N·菲埃尔勃兰特等著的《图书馆用户教育》一书中指出:"用户教育涉及整个信息和交流过程,其中的一部分是指用户与图书馆的相互接触。这应是一个连续的过程,即从中小学图书馆和公共图书馆开始,并有可能扩展到高校和专门性图书馆。每一次去图书馆,正式或非正式,不论同图书馆工作人员有无接触,都将具有教育价值。就图书馆而言,用户教育应旨在使这种价值发挥到最大效益。用户教育在图书馆的目标中处于中心地位,是为了有效地利用情报资源。"

中国科技情报研究所重庆分所的刘松甫认为:"用户教育广义的是指图书情报单位对潜在的和现实的用户所实施的图书情报及其开发手段的使用教育;狭义的是指图书馆对其使用者进行图书馆的使用教育。在欧美各国,用户教育主要是在高校图书馆进行的,教育的对象绝大部分是大学生和研究生。在我国,许多人曾把用户教育统称为用户培训。我们不妨这样加以区分,把对用户进行全面规划的、系统的、定期的指导或授课叫做用户教育,而把无全面规划的、零星的、短期的,也有某种组织形式的指导或授课叫做用户培训。"

林平中在《图书情报用户教育》一书中指出:"所谓用户教育,是指通过现实用户和潜在用户的教育,旨在启发用户的情报意识,提高其情报素养(包括情报知识和情报能力),促使潜在用户转变为现实用户,未表达出来的情报需要转变为表达出来的情报需求,并使用户的这些需求尽快转变为用户的情报行为,以满足其需求,提高文献资源利用率的一种连续性的教育过程。"

虞志方在《图书馆工作》(安徽)发表的论文中提出:"所谓普及文献情报利用知识,是指通过普及工作使读者掌握文献情报的基本知识,了解各种检索方法和途径,懂得他所从事的专业有关的几类文献的检索方法,熟悉有关的检索刊物,知道如何获取和利用情报,了解国内外有关的图书情报机构,以及掌握科研论文的撰写规则、方法和文摘、述评的编写原则。这里,核心是一个如何学会文献情报检索的问题。"

任月娟在《图书情报知识》上的论文中指出:"'用户教育'的基本含义是指:给读者以教育,旨在帮助用户(或称读者)取得最有效地利用图书馆和情报机构的馆藏资源。"

李希孔在其主编的《图书馆读者学概论》一书中提出:"读者教育,即图书馆和其他文献信息机构开展的培养、提高读者(包括潜在读者)利用文献信息能力的教育。"

上述国内外专家、学者对用户教育的基本观点,尽管因视角的不同而有差别,但在本质的方面却是一致的。也就是说,他们都不否认:"用户教育是图书馆等文献信息服务机构为提高用户利用图书馆等文献信息服务机构资源的能力而开展的教育、培训活动。"实际上,这是笔者对用户教育基本含义的观点。

(二)用户教育的作用

开展用户教育,是图书馆等文献信息部门和用户的共同需要。无论是图书馆等文献信息部门,还是图书馆等文献信息部门的用户,都将从用户教育活动中受益。用户教育的实践证明,开展用户教育活动,对用户,对图书馆等文献信息部门,以至整个社会都将起积极的促进作用。

1.通过用户教育,将促进文献信息的有效利用,为充分发挥图书馆等文献信息部门的作用打下坚实的基础。众所周知,图书馆读者的水平高低,尤其是查找利用图书馆文献信息能力的高低,在极大程度上影响着馆藏文献信息的利用率。也就是说,如果图书馆读者都非常善于查找利用图书馆收藏的文献信息,那么,图书馆等文献信息部门的馆藏文献信息的流通程度就会更高、更充分。由此可见,通过用户教育,图书馆等文献信息部门将更好地发挥作用,进而推动科学技术和经济建设的发展,产生巨大的经济效益和社会效益。同时,通过用户教育,还将扩大图书馆等文献信息部门的社会影响,吸引更多的人利用图书馆等文献信息部门。

2.通过用户教育,提高读者检索文献信息的能力,使他们能够顺利地索取到所需要的文献。这样,可以避免由检索人员转手造成的情报失真和遗漏,也可以缩短信息流通时间和周转期,甚至可以减少图书信息人员的工作负担,使他们可以把更多的时间和精力用于研究和做好其他服务工作。

3.通过用户教育,将培养并强化读者的信息意识,提高他们表达文献信息需求的能力,使他们逐步形成敏锐的注意力,进而提高读者利用文献信息的能力,促进文献信息交流活动的开展。

4.通过用户教育,可以提高读者直接参与文献信息交流活动的能力,有助于推进社会信息化的进程;也可以提高读者的自学能力和研究能力,开发智力资源,促进全民族素质的提高。

5.通过用户教育,一方面使图书馆等文献信息部门有机会更广泛地接触各类型读者,及时了解他们的需求,改进服务方法,提高服务水平。另一方面读者的文献信息意识和情报素质的提高,反过来又会对图书馆等文献信息部门的文献信息工作提出更高的要求,从而促进文献信息工作的不断改革,加速其自身的发展。

二、用户教育的目标

用户教育的目标,作为用户教育必须达到的基本设想,它是和用户教育的目的完全一致的。从根本上看,理想的用户教育目标的确定,是用户教育的关键,是用户教育实践活动的起点,它指导并支配着整个用户教育过程,无论在设计课程的教学内容、安排教学时数,还是在选择教学方法等用户教育的活动中,时时都与用户教育的目标紧密相连。在某种意义上说,用户教育目标的确定,关系着用户教育实践活动的成败。因此,无论是国外,还是国内,都十分重视用户教育目标的确定。用户教育目标有"基本目标"和"具体目标"之分。

用户教育的"基本目标",概括地说,就是通过用户教育,增强用户的文献信息意识,使用户掌握检索文献信息的基本技能方法和分析加工、评述利用文献信息的能力,从而培养用户的自学能力和创造才能。其中包括：①帮助用户了解、熟悉和充分开发图书馆等文献信息部门的资源，并能最大限度地满足自己的需要；②帮助用户将自己特定的借阅需求和图书馆等文献信息部门的具体服务建立有机的联系，从而可以最快的速度得到服务；③培养用户利用图书馆等文献信息部门的信心和对图书情报服务人员的信任；④帮助用户熟悉、掌握文献信息检索的基本技能方法，进而达到对文献信息应用自如的能力，从而能最大限度地利用图书馆等文献信息部门的资源。

用户教育的"具体目标"可以细化为下列许多方面。

1.一般地了解用户教育的产生和发展，世界各国用户教育的概况，以及用户教育的目的、意义。

2.熟悉有关图书情报的基本知识。其中包括我国及世界不同性质、不同类型、不同规模、不同特点、不同功能的图书馆网络、情报机构网络以及档案馆网络等的基本情况。

3.基本掌握文献知识。其中包括有关文献的类型知识：①不同的出版形式：科技期刊、会议录、科技报告、政府出版物、学位论文、标准、产品样本、专利说明书、科技图书和其他类型文献的知识；②文献加工程度的区别：一次文献、二次文献和三次文献；③不同的专业范围：政治情报、军事情报、经济情报、市场情报、科技情报和社会其他情报；④不同的载体：文字情报、图像情报、音像情报、实物情报。

4.基本掌握有关文献的基本规律知识。文献的指数增长规律；文献的老化规律；洛特卡定律；齐夫定律；布拉德福文献分散规律；文献的引用规律等等。有关文献分类的知识：比如关于主题法的基本概念、主题法的结构和主题法的使用等方面的知识；关于分类法的基本概念、分类法的结构和分类法的使用等方面的知识。

5.基本掌握专科目录学方面的知识。比如关于专科目录学的概念；专科目录的基本类型：专题目录、索引、文摘刊物及各类情报源的有关知识；关于本学科国内外著名学科带头人，有影响的专业机构、学术团体等方面的知识。此外，还要掌握通过各类型专科目录检索专科文献信息的技能。

6.基本掌握文献检索的有关知识和技能。其中包括文献检索的基本原理以及有关手工检索和计算机检索方面的基本知识和技能。关于文献的手工检索,一是要熟悉各种手工检索工具的使用方法;二是要掌握通过手工检索工具查找文献信息的技能。关于计算机检索,主要包括计算机检索的原理,计算机检索的步骤,计算机检索的方式等三个方面的知识以及通过计算机检索文献信息的技能。

7.懂得如何利用图书馆等文献信息部门。其中包括:①了解图书馆、情报机构所提供的服务项目,如个人外借、集体外借、馆际借书、预约借书、邮寄借书、阅览服务、咨询服务、检索服务、复制服务、视听服务、定题服务和编译服务,等等。②如何利用文献信息为专题研究服务。如学会搜集、积累文献信息,学会鉴别分析文献信息,学会情报研究的基本方法等等。③基本掌握论文的写作方法。这里主要指的是论文写作与文献检索的关系,论文写作的基本方法,如论文的选题、论文的结构、正文及其组成,以及论文文摘的编写,论文完成后的处理和如何宣读论文,等等。

三、用户教育的原则

为了做好用户教育工作,使用户教育活动取得预期的效果,我们在开展用户教育的过程中必须遵循下列原则。

(一)计划性原则

用户教育是一项长期的连续的教育过程,应该按照国家、地区和本馆的实际需要和具体条件,根据不同的读者、用户的实际需求,制定出相应的长期规划和近期计划,并认真地按照计划的目标、措施有组织、有步骤地安排用户教育工作。

(二)广泛性原则

图书馆等文献信息部门作为一种社会教育机构,具有明显的社会教育职能。其教育职能的发挥在于提高全民族的素质水平,因此,图书馆等文献信息部门开展读者用户教育的范围应该是全体公民。在具体开展用户教育活动时,不但要对现实的读者用户进行教育,而且要吸引更多的潜在读者用户接受教育。

(三)针对性原则

图书馆等文献信息部门用户教育的对象是具体的读者和用户,而读者和用户的差异是错综复杂的。受个人因素如文化教育水平、职业工作经验、外语水平、情报行为等的影响,读者用户对文献信息的利用能力和利用效果都会有明显的差别。因此,读者、用户教育的内容以及方式方法,不仅会受到一定时期内科技发展水平的制约,而且也将受到读者用户个人素质的影响。在具体开展读者用户教育活动时,除了考虑当前的经济条件和图书馆等文献信息部门的承受能力外,还要根据读者用户的个人素质,将读者用户进行必要的分类,并按照不同类型读者用户的基本需求确定教育内容和组织教育活动,力求有的放矢,取得最佳的教学效果。

(四)灵活性原则

用户教育的方式方法多种多样,如个别辅导、集中培训、口头讲述、书面辅导材料等等。究竟采用什么样的教育教学方式方法,取决于读者用户的数量、读者用户接受图书馆等文献信息部门教育的方便程度以及读者用户的水平层次等因素。在具体实施时,可以灵活运用,有时可以采用一种方式方法,而更多的时候是多种方式方法同时并用,以便进一步强化教学效果。

(五)系统性与循序渐进性原则

系统性是由科学本身的特点所决定的,任何科学知识都有严密的逻辑体系。实际上,系统性与循序渐进性原则反映了科学的整体性及其逻辑体系,以及人类认识活动规律的辩证统一关系。因此,在安排用户教育内容时,应以相应的学科体系为基础,使读者用户获得系统的知识和技能。在采用具体的教学方式方法时,则要考虑循序渐进的要求,从已知到未知,从简单到复杂,由浅入深,由简而繁,由易到难,从而使读者用户所得到的知识不断深化。

第二节　用户教育的内容

一、关于文献信息服务机构基本情况的教育

关于图书馆等文献信息部门基本情况的教育,是用户教育应重点介绍的内容。通过这项内容的介绍,要让读者用户了解本地区不同类型、不同级次图书馆和情报服务机构的分布和馆藏文献的特点、范围和主要服务项目,以及这些文献信息服务机构的基本分工等,使读者能根据自己的需要去利用这些文献信息服务机构的文献。

为了帮助读者用户充分利用图书馆等文献信息部门收藏的文献信息,我们在确定用户教育的内容时,还要着重介绍图书馆等文献信息部门的性质、职能、任务;介绍图书馆等文献信息部门阅览室、外借处的设置布局情况,以及服务手段、借阅规则和方式方法;介绍图书馆等文献信息部门馆藏文献范围、特点和馆藏文献的组织情况、适用范围等等。这样,读者在接受有关图书馆等文献信息部门基本情况的教育的同时,也对自己面对的图书馆等文献信息部门有了全面深刻的了解,从而可以更加充分地利用图书馆等文献信息部门馆藏文献信息。

二、文献信息基础理论、知识和作用的教育

我国文献信息资源的开发利用水平与发达国家相比,是比较落后的。究其原因,除我国文献信息服务体系还不够健全,文献信息服务部门的人力、物力和财力相对缺乏之外,更加重要的是我国全民的文献信息意识还过于淡漠。因此,提高全民的文献信息意识已经成为开发文献信息资源的关键,也是加速我国经济发展的一项重要任务。

从图书馆等文献信息部门用户教育的角度看,对读者用户进行

文献信息基础理论、知识和作用的教育,将使读者用户破除对文献信息的神秘感,认识到文献信息是存在于科研、生产、工作、生活等各个方面的一种普通社会现象,与科技发展和经济建设之间存在着相互联系、相互促进、相互依存的关系,对科研活动和个人知识的增值起着重要的作用。在用户教育中把这部分内容纳入其中,将激发读者用户的文献信息需求,增强读者用户的文献信息意识。

三、文献信息检索原理、方法和技能的教育

在人类社会中,尽管人们获取文献信息的途径是多种多样的,但在现阶段我国大多数读者用户最常用、最主要的途径是从文献中获取信息。为此,众多的读者用户开始认识到掌握一定的获取文献信息方法、技能的重要性,并把熟悉掌握文献信息检索原理、方法和技能作为自己利用图书馆等文献信息部门的一项基本功。

在图书馆等文献信息部门用户教育活动中,作为一项重要的内容,要向读者、用户介绍文献信息检索的基本原理和基本技能,介绍常用文献信息检索工具与参考工具书的使用方法,介绍文献信息数据库以及电子计算机检索的基本原理、基本技能和基本方法,使读者用户能在获得知识,提高技能,掌握方法,获取文献信息的同时,进一步提高自己的文献信息意识。

四、文献信息利用教育

人们利用文献,为的是交流其中含有的信息。文献中所含有的信息一旦被人们所吸收、消化,并与他们所认识、改造社会和自然界的事业相结合,便会超越已知,从而产生新的发明、创造,为人类社会的发展做出新的贡献。

由此观之,人们获取文献仅仅是利用文献的前提,而利用文献才是获取文献的最终目的。因此,如何有效地利用文献应该纳入图书馆等文献信息部门用户教育的基本内容之中。在具体的用户教育活动中,应当向读者用户传输治学方法、科研方法;应当向读者用户介绍文献信息的选择、收集、积累和整理方法;应当向读者用户介

绍文献信息的分析研究以至科技论文的写作等方面的知识。

第三节　用户教育的方法

图书馆等文献信息部门用户教育的教学方法是整个教学方法体系的组成部分。它既有一般教学方法的共性，又有体现用户教育教学特点的个性。所谓教学方法，指的是为完成教学任务而建立的师生共同进行认识和实践的方法体系。图书馆等文献信息部门用户教育的教学方法作为一个完整的体系，它主要包括下列几种类型。

一、讲授法

"讲授法"是教学方法体系中运用最为普遍的一种，也是用户教育不可或缺的教学方式。由于"讲授法"通过听觉和视觉的双重效应达到传授知识的教学目的，因此它具有较好的教学效果，能够在较短的时间内，按照用户教育的计划和要求，通过教师的讲授和借助有关的教学手段（如黑板或投影仪等），将有关的图书情报知识和怎样查找利用文献信息的技能传授给用户，从而达到用户教育的基本目标。

为了充分发挥"讲授法"在用户教育中的作用，我们应该注意选聘好有经验的教师。按照用户教育的经验，教师除应具有扎实的图书情报基础理论知识和丰富的实践经验外，还应有清晰的思路和语言艺术。思路是组织讲授的主线，反映了用户教育的规律与人的认识规律的统一。

实践证明，一个有清晰的思路的教师，不但可以取得良好的教学效果，而且还有熏陶用户，培养用户良好思维习惯的影响启示作用。语言是思维的工具，教师的语言对唤起用户对文献信息和图书情报机构利用的表象或经验性的浅层认识和进行积极思维，无疑将起积极的导引作用。从许许多多的教学经验看，"讲授法"对教师语言的要求可以简化为言简意明,通俗易懂,生动活泼和妙趣横生。此外,还要求教师的语言尽可能规范,并善于运用好语调,包括语音的高低、强弱、快慢和停顿等吸引用户。

毫无疑问,"讲授法"是一种重要的用户教育方法,在用户教育中运用也十分普遍,然而它毕竟是一种被动性的授课方式,不利于培养用户的感性认识和动手能力。因此,这种方法常常受到教育专家的批评。用户教育的实践也证明,诸如"文献检索与利用"这类课程的教学,单纯采用"讲授法"是远远不够的,必须辅之其他的教学方法,特别要注重指导用户参加具体的实践,亲自检索和利用各类文献。

二、问答法

"问答法",也叫"个别辅导法"。它是教师和用户通过口头语言相互问答的方式进行教学的一种方法。它通过用户回答教师的提问,了解和控制用户的学习过程,增加用户分析、查找研究课题的文献信息的实践机会,使用户保持较长时间的注意力和较浓的兴趣。这种方法运用极其灵活方便,在课堂、实习室、图书馆等文献信息部门的外借处、阅览室、咨询台等地方都可以运用。

采用问答方法,要求教师首先要确定问答的主题、目的和程序。如围绕什么主题选择文献检索与利用的途径和方法,按照怎样的程序进行提问才能更加有效地达到问答的目的。其次,教师所提问题必须表达清楚、准确、简单明了和启发性强。按照问答法教学目的的不同,用户教育所提问题一般可以分为三类。

一是为了建立概念,即寓概念于问题之中。通常把一个概念分解成几个基本点,各个基本点再根据用户时常易犯的错误(如错检、漏检等)构思一个问题,通过各种基本点的提问、回答和修正,然后进行综合,逐步把用户的认识引向概念的实质。

二是为了应用概念,理解和掌握概念,让用户在分析这类问题的过程中,获得应用文献信息、文献检索与利用的基本知识,以及进行分析和解决问题的能力。为此,教师所提问题要能促使用户进行分析、综合等多种思维劳动。教师应能在提问、回答过程中及时发现用户在掌握、运用概念和基本理论的疑难点,及时调整讲课的节奏和重点;用户则能在分析、回答问题中使概念深化和巩固。

三是为了让用户联系具体实际,建立文献检索与利用、情报研究等基本模式,掌握查找与利用文献信息的基本方法。这一类问题的提出和解决,自然要比教师平铺直叙现成的例子要花费更多的时间,但这样做将会有助于培养用户解决实际问题的能力。

教师提问主要在课内进行,也可以在上课前提出一些思考题指导用户自学,或者在下课后提出一些复习题,指导用户巩固提高所学知识。作为一种教学方法,在问答过程结束后,教师还应及时进行小结,把问答内容系统化,并及时纠正用户在回答问题中存在的错误认识。

三、直观法

所谓直观法,是指通过设置直观图和各种标识对用户进行感观教育的方法。同时,它也是图书馆等文献信息部门向用户提供导向的最基本的途径之一。在用户教育中采用"直观法",主要是应用由不同形式符号组成的标识系统来表示各种不同的功能,如导向、指示、识别、教育、禁止或规则和近期文献信息等。

标识的功能一般分为两种:一种是指示寻找的图形或标识;另一种是利用图书馆等文献信息部门资源的图形或标识。标识的具体类型主要包括:

(一)直观图

一般包括图书馆等文献信息部门的结构示意图,书库、阅览室、外借处结构示意图,以及服务工作流程示意图等。为了进一步发挥这类直观图的作用,除了目前采用的平面黑白示意图外,还可采用彩色主体模型。

(二)标识系统

它主要包括"路标""馆内导标""特殊标识"等。"路标"是把图书馆等文献信息部门的地理位置告诉给用户的一种方式。它包括图书馆等文献信息部门外墙上的大型、清晰的标记,馆区内各处设置的阅览室、外借处的外墙上的标牌等等。"馆内导标"是图书馆等文献信息部门使用的符号和标签,目的是标明图书馆等文献信息部门各服务部门的具体名称以及馆藏各类文献的布局与组织情况。

"特殊标识"指的是一些禁忌提示,比如禁止吸烟、吐痰和喧闹等标识。上述直观图和标识系统尽管十分简单,但其内涵很容易被用户接受,是一种行之有效的用户教育方式。这种方式所传递的信息量虽然是最低限度的,但它却能帮助用户找到方向,或者迅速地利用某种已标识的参考工具或某一类型的文献资源。实践证明,设计制作优秀的直观图和标识系统,对帮助用户利用图书馆等文献信息部门的资源具有重要的指引导向作用。

四、参观法

所谓参观法,指的是教师根据用户教育的教学要求组织用户到图书馆等文献信息部门的有关服务部门或岗位,具体观察各种事物和现象(如藏书、目录、索引、文摘、工具书等),从而获得图书情报知识的一种方法。"参观法"习惯上又称"巡视法",它是图书馆等文献信息部门导向的传统做法。

"参观法"的优点十分突出。首先,它能有效地提高知识信息的传递速度。科学实验表明,"看"与"听"相比,"看"比"听"通常能多记住 倍以上的内容,在视觉信息传递中,"看实物"要比"看图像"快三至四倍,并且印象深刻。

通过实地参观,观察了各种运动中的事物,能获得正确、鲜明、切实的图书情报的感性知识。其次,它能及时地以最新科技成果组织教学。用户教育中的某些内容往往要以最新出版的书目、文摘、索引以及工具书、计算机情报检索的最新研究成果等来组织教学,但用户教育所使用的教材、实习用书往往跟不上科学技术的发展变化,而现场教学使完成这一任务成为可能。再次,用户通过直接接触图书馆等文献信息部门的实际,独立观察,能够获得丰富的感性材料,这对稳定用户的学习热情,激发其对用户教育课程的兴趣,促使用户进一步深入学习,都将起到促进作用。

　　作为用户教育的一种有效的方法,在具体运用中可以把重点放在新用户的教育上。具体操作时,应确定专职图书情报人员或教师带领这些新用户参观考察图书馆等文献信息部门,同时向他们介绍有关图书馆等文献信息部门的发展历史、服务对象、服务内容、利用方法等方面的知识。此外,对那些事业有专攻的科研、生产人员以及教师、研究生等类型的用户,则可以针对他们的特点,组织他们参观图书馆等文献信息部门中生产制作书目、索引、文摘、综述等二、三次文献的工作部门和岗位,以及安排他们具体接触中外文献信息检索工具,帮助他们提高情报意识和查检文献信息的能力。

五、视听法

　　所谓视听法,指的是在用户教育中将有关教学的基本内容编辑制作成录音带、录像带、电影片、光盘等音像制品或计算机软件,并通过放映设备或计算机向用户播放,从而达到教学目的新型的教学方法。

　　由于"视听法"具有视听兼备、生动形象、图文并茂、感染力强的特点,因而备受用户的欢迎。从其发展的趋势看,它将成为用户教育的重要的方式方法。在具体运用这种方法时,首先要精心组织编制好有关的教学音像制品或计算机辅助软件,比如"图书馆指南""工具书使用法"等;其次要安排好视听场所和配备相关的设备;第三要采取一种灵活方便的服务方式,随时为用户提供服务,必要时还要安排专职辅导教师,帮助用户解决视听中遇到的问题,以便提高用户教育的效果。

六、资料法

　　所谓资料法,指的是通过编辑印发有关书面资料指导用户利用图书馆等文献信息部门的方法。用户教育书面材料的形式多种多样,可以是用户教育的系统教材,也可以是专题的辅导材料,甚至可以是单页的宣传推荐材料。用户教育书面材料的内容极其广泛,可以是"图书馆使用指南""情报工作指南",也可以是"书海导航""怎样借阅图书报刊"以及"书目、索引、文摘使用法""外文工具书使用法"和"读书方法漫谈",等等。

由于"资料法"这种用户教育方法具有教育时限长、灵活性强、教育面广和不受地点限制种种特点,因而已成为用户教育经常使用的方法之一。

七、练习法

所谓练习法,指的是在教师或图书情报工作者的指导下,用户自觉运用所学知识反复地完成一定作业,借以形成查找、利用文献信息的技能和技巧的方法。"练习法"的运用,主要目的在于巩固、扩大、深化和运用图书情报知识,强化"讲授法"的教学效果。

为了充分发挥"练习法"的教学作用,我们应强调两点:一是要有系统地练习。也就是说,练习的安排要紧密地结合用户教育课程的进度,由浅入深、由易到难、由简而繁。二是要综合运用多种形式的练习方法。也就是说,在用户教育工作中,以解答问题或咨询为主的"练习法"可以采用多种形式。诸如"课堂练习""课后练习""阶段练习""综合练习"等方式都可以酌情运用,以便提高用户教育的效果。

上述七种方法是图书馆用户教育中采用得最多,也是效果较好的方法。在图书馆用户教育活动中,可以根据教育对象的实际情况和教学内容酌情采用。

第六章 读者工作管理

图书馆读者工作的内容十分广泛和丰富。作为图书馆业务工作系统中的重要的子系统,读者工作的管理内容也是十分精彩的。作为一项管理工作,它包括理论、知识和方法等方面的许多问题。本章重点论述的内容并不全面和系统,但其中涉及的内容却是做好读者工作必不可少的。

第一节 读者工作概述

图书馆业务工作体系,一般可以分为藏书工作体系和读者工作体系两个方面。藏书工作体系主要包括文献收集、整理和收藏、保管等方面的基础性工作;读者工作体系主要包括文献流通、参考咨询、文献检索、信息服务和宣传导读,以及读者组织、读者研究等方面的研究性、服务性工作。从图书馆工作的全局看,藏书工作和读者工作是相互联系、互为条件、彼此促进、相辅相成的。随着图书馆事业的不断发展,图书馆的全部工作已开始转向以读者工作为重心、全面围绕读者的合理需求组织图书馆工作的发展阶段。读者工作已成为图书馆工作的重要组成部分。

一、读者工作的意义与作用

(一)什么是读者工作

什么是读者工作? 我国图书馆界对它的基本定义目前尚处于不确定阶段。纵观各种理论和观点,其中流传较广、影响较深的有以下几种:①认为读者工作就图书馆的实践活动而言,就是组织读者利用图书馆资源所进行的各项活动;②认为读者工作就是利用图书馆的文献资料及其他条件,通过组织读者和服务,使读者获得知识和掌握信息的一种服务活动;③认为读者工作就是以读者为对象,以馆藏书刊资料为手段,以馆藏书刊使用为中心,通过外借、阅览、复制、宣传、阅读指导以及参考咨询等方式而开展的服务工作;④认为读者工作就是组织读者利用图书馆资源的各项活动;⑤认为读者工作就是以读者为中心的图书馆整体工作的一部分,是为读者直接服务的工作;⑥认为读者工作就是站在图书馆工作的第一线,直接同读者发生关系,并为之服务的工作;⑦读者工作从广义上讲,图书馆的一切工作都是为读者服务的,都是读者工作;⑧读者工作是研究开发馆藏资源,研究读者的阅读规律,研究为读者服务的方式方法,以便进行信息传递和知识交流并以取得最佳服务效果为目的的一种工作。

上述不同的观点从不同的视角,对读者工作的含义进行了描述,从而得出了不同的结论。归纳起来,可以区分为三种类型:一种观点认为"读者工作"等同于"读者服务工作"。这种观点认为"读者工作"就是简单的、具体的、直接为读者服务的实践活动。第二种观点认为"读者工作"等同于"图书馆的全部工作"。这种观点认为"图书馆的所有工作",无论是行政工作,还是业务工作,都是直接地或间接地为读者服务的工作。第三种观点认为"读者工作"既不等同于"读者服务工作",也不等同于"图书馆的全部工作",认为"读者工作"是研究开发馆藏资源,研究读者的阅读规律,研究为读者服务的方式方法,以便进行信息传递和知识交流并以取得最佳服务效果为目的的一种工作。

从上述不同的观点中,我们不难看出,第一种观点强调的是读者工作为读者服务这个图书馆工作的最重要的出发点和归宿,把读者工作简单地理解为"服务工作"。第二种观点强调的是图书馆任何工作部门的工作,最终的工作目标都是"为读者服务",因而把图书馆的所有工作都视为读者工作。笔者认为,从图书馆读者工作的工作性质、工作内容、工作方法和工作目标进行了综合分析。第三种观点可能更接近于读者工作的内涵。

从图书馆工作的出发点和归宿分析,图书馆读者工作的所有活动都是围绕读者进行的,都是为读者服务的。"一切为了读者""为一切读者服务"是图书馆工作的出发点和归宿。此外,从图书馆性质、作用和承担的任务分析,图书馆要真正实现其工作的社会价值,最基本也是最重要的是:只有真正实现图书馆馆藏文献信息的价值,才能真正实现图书馆工作的社会价值。所以,任何图书馆都要认真地组织藏书、研究藏书、开发藏书;认真地组织读者、研究读者、服务读者;认真地研究服务、组织服务、实施服务,从而通过读者用户的外借、阅览等读书活动,将馆藏文献信息转化为新的知识、新的思想、新的技术、新的方法,一句话:转化为新的生产力。由此观之,笔者认为:"读者工作"的含义的核心部分,可以集中到一点,即"读者工作是实现图书馆工作社会价值的一种专业工作活动"。

作为一种概念,我们完全可以这样认为:读者工作是利用图书馆的文献信息及其他条件,通过组织研究藏书、组织研究读者和组织研究服务,帮助读者利用馆藏文献并从中获得知识、掌握信息,从而实现图书馆工作社会价值的一种专业工作活动。

(二)读者工作的地位与作用

1.读者工作是图书馆工作的出发点和归宿。图书馆的所有工作活动的目标,都是为了读者更好地利用图书馆。读者工作作为图书馆直接面向社会、面向读者的服务活动,是图书馆工作的核心,是图书馆各项活动的出发点和归宿。它直接体现了图书馆的性质、职能、方针和任务,反映了图书馆的社会效益,并带动其他各项工作的开展,在一定程度上代表着图书馆的发展水平,是衡量整个图书馆工作好坏的标尺。读者工作的具体内容及客观作用,决定了图书馆人应树立"读者第一,服务至上"的观念,应采取一系列的措施,应用灵活多样的方式方法,切实加强读者工作。

2.读者工作是联系读者和图书馆的桥梁。读者工作是图书馆工作中的第一线工作,它面向社会、面向读者,广泛地接触各种类型、各种成分的读者群,是读者利用图书馆的窗口,是图书馆为读者服务的前沿,在为读者服务的过程中,不仅读者受益于图书馆,图书馆也受益于读者。

读者工作的桥梁作用,一方面为读者利用馆藏文献信息提供了方便条件,另一方面也为图书馆充分发挥其社会作用创造了行之有效的工作环境。此外,读者在利用图书馆的过程中,对图书馆的各项工作都将做出相应的反应和评价。其中馆藏文献的内容质量、种类复本,工作人员的服务水平、服务态度,服务环境和设备的优劣等等,都是读者十分关心并要做出评价的内容。读者反馈的这些信息将有助于改进服务方法、提高服务质量和管理水平。因此,读者工作是联系图书馆与读者的窗口,起着桥梁与纽带的作用。

3.读者工作是检验图书馆社会价值的标尺。读者工作的成效,直接反映了图书馆对社会经济、政治、科学技术、文化教育所产生的广泛的效果。它关系到图书馆对社会产生的影响,关系到图书馆在社会中的地位和作用。同时,通过图书馆实际的社会效益,又可以检验图书馆工作的质量及馆藏文献信息的使用价值。

图书馆的每一种文献,无论是图书、期刊、报纸,还是各种难于言表的资料,从采访、订购、验收、登记、分类、编目、入库、排架、保管、装订、维修到流动服务,一般都要经过十几道工序,花费许多人的劳动,倾注许多人的心血。至于参考咨询、课题服务、宣传导读等深层服务的工作,更需图书馆人付出创造性的劳动和心血。所有这些图书馆人的劳动成果,究竟利用了多少,在何种程度上转化为现实的使用价值,能否为社会做出积极的贡献,真正发挥应有的作用,只有在组织读者自由利用、反复利用图书馆资源的实践活动中,才能得到检验并显示出成效。因此,读者工作是衡量图书馆一切工作质量和价值的尺度,它直接反映出图书馆的社会价值。

(三)读者工作的内容

我们从读者工作的概念中可以清楚地看到,作为图书馆重要组成部分的读者工作,围绕读者工作核心的含义,即"读者工作是实现图书馆工作社会价值的一种专业工作活动",其工作内容是多方面的。最基本的主要包括下列三个方面。

1.组织研究藏书。藏书是任何图书馆赖以存在和开展读者工作的物质基础。藏书既是物质的,也是意识的。就其知识、信息的载体而言,它是物质的;就其载体所记录的知识而言,它是经过人脑加工的,是观念形态的东西。因此,藏书既有自然的属性,也有社会的属性。图书馆藏书是图书馆所收藏的各类型文献的总和。它是以图书馆的类型、任务和读者需要为依据,经过采访、整理、加工、典藏等工序,将分散的各种文献一一记录,集中组织成为有重点、有层次、有系统的藏书系统。这个藏书系统应当是一个向读者用户开放的、经过严密组织的知识体系。同时,还要根据读者的需要,认真地研究、开发馆藏文献信息,并采用行之有效的方式方法,将研究、开发藏书的成果提供给读者用户研究使用。也就是说,为了真正实现图书馆工作的社会价值,首先要做的工作就是认真地组织藏书、研究藏书、开发藏书,把读者工作的基础工作做好。

2.组织研究读者。读者是图书馆的服务对象。凡是具有利用图书馆馆藏文献信息条件的一切社会成员,包括个人和集体,都可以成为图书馆的读者。图书馆的读者是多种多样的,他们有不同的职业特点、不同的知识结构、不同的阅读需求和不同的心理特征等等。读者的存在和要求,决定着图书馆工作的价值。读者对图书馆的依赖程度,决定着图书馆读者工作的发展水平。读者不仅是读者服务工作的受益者,而且也是推动读者工作前进的动力,检验读者工作质量的标尺。因此,发展读者、研究读者、服务读者是图书馆读者工作的重要内容,每一个图书馆都要认真地安排、落实好这一方面的工作。

3.组织研究服务。图书馆工作价值的最终实现,关键在于读者用户能否从图书馆中获得知识、掌握信息。因此,任何图书馆为了实现自己工作的社会价值,都要通过有效的服务,使图书馆馆藏文献信息能通过读者用户的使用而转化为生产力。图书馆读者工作的实践经验证明,图书馆能否实现自身工作的社会价值,主要决定于图书馆的干部是否懂得读者服务工作的理论、技术和方法。

图书馆的发展历史也告诉我们,现代图书馆作为社会文献信息的交流基地,必须以各种物质技术手段、工具和方法作为自身存在的基础。读者服务工作的环境设计、技术手段的配置、服务方法的运用以及服务工作的管理等等,无不影响到读者工作的质量和效果,而且也将直接影响图书馆工作社会价值的实现。因此,任何图书馆都要认真研究服务工作,组织服务工作、实施服务工作,把读者工作提高到新的水平。

(四)读者工作的服务体系

图书馆的读者工作,尽管内容丰富多彩,但归根究底,集中到一点,还是为读者服务。因此,任何图书馆都要根据本馆的性质、任务、职能、特点,建立一成套适用于本馆读者用户需要的"服务体系"。面对我国改革开放的新形势,面对日新月异的信息时代,图书馆的读者服务工作要突破长期以来只满足于借借还还和一般性参考咨询服务的保守状态,对服务格局进行必要的调整和创新,力争在服务工作中形成"文献传递、参考咨询和信息服务"三位一体的服务体系,进而创造条件,把图书馆办成社会信息交流体系中的一个不可或缺的信息产业,使图书馆在服从于、服务于经济建设,促进改革开放,促进信息化建设中做出积极的贡献。为此,笔者认为,凡有条件的图书馆都可以在下述三个方面做出努力。

1.在文献传递工作中,要通过建立和完善藏书及目录体系、改革发证工作、组织读者队伍、加强读书指导创造为团体服务、为残疾人服务、为离退休职工服务和为远程读者用户服务的新的方式方法。采取"走出去、请进来"等灵活多样的服务措施,为广大读者用户提供内容更加丰富、范围更加广泛、类型更加多样的文献信息。

2.在参考咨询工作中,除做好一般性的参考咨询服务外,还可通过专指性强的书目参考工作和主动跟踪服务、定题服务,以及参与重点科研项目和开展网络资源的查询服务、检索服务和文献复制服务等,在为领导决策、科学研究、生产建设服务等方面,针对读者用户的需要,"广快精准"地提供各种具有参考价值的文献信息。

3.在信息服务工作中,则要突破传统观念的束缚,主动引进市场经济的观念,在保证做好常规性服务工作的前提下,可在充分发挥图书馆专业人才、文献信息、建筑设施优势的同时,通过建立科技、商务以及其他专题的馆藏特色数据库等手段,把图书馆办成社会信息交流的基地和社会信息交易的场所。在具体的信息服务工作中,一方面可以为信息交流、信息交易提供市场服务和中介服务以及深层的科技服务;另一方面亦可在信息市场中,为广大读者用户有偿提供本馆专业人员开发的各种文献信息研究的成果和产品,发挥文献信息在现代化建设中的重要作用。

在这里要特别强调的是,在深化改革的新形势下,应该敏感地意识到,开展信息服务工作,即主动地开办信息市场(包括网络信息交易市场),为信息的交流和交易提供各种方式的服务,以及直接出售本馆开发的文献信息产品,将成为图书馆服务于社会的一项具有开拓性的事业。图书馆能否成为信息产业中的排头兵,都将与此项服务工作的成败密切相关。

二、读者工作的原则

我国图书馆读者工作,按照本国的国情,结合国外的经验以及实践发展的特点,应该遵循下列五条服务原则。

(一)以人为本的原则

从哲学的角度看,所谓"以人为本",简单地讲就是正确认识和处理人与其他生产要素的辩证关系,重视人的智能、创造力及其主导、能动和决定作用,将人作为"活力源"而形成的关于人的科学理念。

从认识论的角度说,"以人为本"符合辩证唯物主义的认识论。作为图书馆来讲,人、财、物、文献管理、信息开发、读者服务纵然千头万绪,但这一切是受人的统帅和支配的,是通过人的工作和劳动去实现的。因此,在人与物的矛盾中,人总是起主导作用的,是矛盾的主要方面。

在图书馆读者工作的内部管理中,坚持"以人为本"的管理,重视提高图书馆人的思想素质和文化业务素质,人的向心力和凝聚力就强,工作就生机勃勃,读者就能从中受益,图书馆也将因此而成为读者满意的图书馆。在读者服务工作中,坚持"以人为本"的服务,指的是在读者服务工作中,不管何时何地,都要"以读者为中心",要把"为一切读者服务""一切为了读者""满足读者的一切合理需求"作为图书馆读者服务工作的出发点和归宿。

为一切读者服务是由图书馆作为人类的社会现象所决定的。众所周知,图书馆是人类对文献信息需求的产物。因此,从图书馆诞生之日起,就和整个社会紧密地联系在一起。伴随着人类社会的发展,图书馆已经成为广大群众共同使用馆藏文献的场所,尤其是各级公共图书馆,它主要是面向社会,为社会各阶层、各行业的广大群众服务。尽管不同类型的图书馆由于性质、任务的不同,会有自己特定的服务对象和重点读者,但是就图书馆的整体来说,它的服务对象应具有社会全民性的特点。也就是说,图书馆应该为整个社会服务,为一切读者服务。无论是正式读者,还是临时读者,甚至潜在读者,图书馆都要把他们列入服务对象的范围之中,全心全意地做好服务工作。"一切为了读者""以读者为中心""心系读者、关心读者""想读者之所想,急读者之所急""为一切读者服务""把满足读者的基本需求放在首位"应当成为图书馆人为读者服务的基本理念。

(二)充分服务的原则

充分服务的原则,就是最大限度地满足读者对图书馆的一切需求,充分发挥图书馆为社会服务的职能作用。这是图书馆的各项工作,尤其是读者工作追求的目标。

充分服务的原则,体现了"一切为了读者"的战略思想和全局性的要求,即图书馆的所有藏书、所有干部、所有工作,都要把为读者服务当作出发点、过程和归宿。

充分服务的原则,要求馆员具有全心全意为读者服务的精神,具有良好的职业道德。全心全意为读者服务,要一切从读者的根本利益和需要出发,急读者所急,想读者所想,把自己置身于读者之中,为读者传递知识情报铺路搭桥,甘当读者的"书童",甘当"无名英雄"。

充分服务的原则,还要求馆员具有强烈的事业心和扎实的基本功。真正做到"为人找书,为书找人",满足读者的需要,解决读者的难题。不能光靠良好的愿望和满腔热情,而要有为图书馆事业献身的精神,要掌握为读者服务的本领,馆员要熟悉藏书、熟悉目录、熟悉读者,有广泛的知识和业务技能。这就要求每一个图书馆人都要不断地学习,不断地实践,加强业务基本功的训练,真正掌握读者工作的规律。

充分服务的原则,还要求图书馆广泛地、经常地向社会宣传图书馆的功能,宣传图书馆和社会各界的密切关系。同时,还要通过各种各样的方式方法有效地揭示和推荐馆藏文献信息,千方百计地吸引读者,最大限度方便读者,不断地提高馆藏文献信息的利用率,从而充分发挥馆藏文献信息的作用。

(三)区分服务的原则

区分服务的原则,就是有针对性地满足各类型读者的不同需求。其实质在于讲究读者工作的服务艺术,注重服务质量,着眼服务效果,把满足读者的特定需求作为读者工作的基本目标。

区分服务的原则是建立在对读者和馆藏文献进行基本分析的基础之上的。图书馆馆藏文献及其使用特点,是一个多级别、多层次的动态结构。馆藏文献的内容性质,有不同学科、不同类别之分;馆藏文献的形式,有不同装帧和文种之分;馆藏文献的使用方式,有流通、参考、备查和保存之分等。不同类型的馆藏文献,有不同的使用条件和特点,应予以区别对待。图书馆的读者及其需要,也是一个有层次的动态结构。不同成分,不同职业,不同年龄,不同文化水平,不同兴趣爱好以及担负不同任务的读者,对图书馆资源的需求不但是多级别的,而且是发展变化的。针对他们的需求,同样需要分别予以满足。

区分服务的原则,又是由读者服务组织和服务方式的多样性决定的。根据读者的需要和馆藏文献的用途,分科设置借阅部门,针对不同需要开展借阅服务,咨询服务,检索服务,复制服务,视听服务和编译服务等等,这一切都是为了充分满足不同读者的需求。

区分服务的原则,从根本上说,是实现图书馆各项社会职能所要求的。图书馆有收藏职能,教育职能,情报职能,文化娱乐职能,等等。就教育职能而言,又可分为一般教育、专业教育、技术教育、思想教育、综合教育等。只有区分服务才能达到应有的教育效果,促进人才的成长。就情报职能而言,为科研、生产服务,"广快精准"地传递文献信息,开展对口跟踪服务、定题服务,实际上就是一种区分服务。就文化娱乐职能而言,从内容到形式,要满足各类型读者千差万别的需要,就必须贯彻区分服务的原则。

图书馆读者工作的实践经验告诉我们:有区分才有对策,正确的服务策略是建立在科学区分的基础上的。只有贯彻落实区分服务的原则,才能提高服务质量,提高服务效果。

(四)科学服务的原则

科学服务的原则,就是遵循图书馆工作的客观规律,按照科学的思想、科学的态度、科学的方法和科学的管理措施组织读者服务工作。

科学服务的原则,是指在读者服务工作及其研究中,要具有整体性和全局性的思想认识。在具体工作中,要学会用全面的、联系的、发展的观点认识问题。图书馆的读者服务工作,同各方面的工作无不存在千丝万缕的联系,经常会产生这样或那样的问题或矛盾。图书馆与读者之间,图书馆与图书馆之间,图书馆内部各部门之间,以及读者与读者之间,始终存在着纵横交错的联系,各种矛盾同样不断产生。其中比较突出的矛盾有:"供与求"的矛盾,"借与还"的矛盾,"外借与内阅"的矛盾,"管理与使用"的矛盾,以及"分工与协作"的矛盾等。这些矛盾错综复杂,其发展变化又受到一定环境条件的制约。为此,我们必须从整体出发,纵观全局,加强各方面的联系,搞好平衡协调工作,在具体实践中创造条件,解决好各种问题和矛盾。

所谓科学的态度,就是老老实实按科学办事。一切从实际出发,实事求是,尊重客观规律。在服务工作中,要将需要和可能统一起来,将当前需要和长远需要,重点需要和一般需要结合起来,将数量与质量,流通指标和实际效果结合起来,切忌哗众取宠、自欺欺人的言行产生。不单凭热情、主观愿望和个人兴趣爱好工作,也不片面地追求数量、指标与形式,这就是我们所倡导的科学的态度。

所谓科学的方法,是指在长期的读者工作实践中行之有效的系列化的方式方法。在外借、阅览、咨询、书目、检索等等服务方式中,要想提高服务质量,提高服务效果,必须运用先进的方法,如统计的方法,分析的方法,比较的方法,系统的方法,控制的方法,信息反馈的方法等等。科学的方法之所以科学,就在于它先进、实用和有效。读者工作的实践证明,注意研究并采用先进的、行之有效的科学方法,对于提高图书馆工作水平是非常重要的,常常会起到事半功倍的作用。

所谓科学的管理措施,是指科学的组织读者工作所采用的规章制度、先进的技术设备和服务手段。在读者工作中,完整的、系列化的规章制度包括读者登记规则,外借规则,阅览规则,文献复制规则,入库制度,登记统计制度,开架与闭架制度,岗位责任制度等等。所有这些是否合理和科学,主要看其是否方便读者,方便管理,是否符合图书馆的工作方针、任务和读者的根本利益。采用先进的技术设备,是现代图书馆的特征之一。任何图书馆,都要创造条件,逐步引进视听设备、文献复制设备、空调设备、机械传输设备、自动通讯设备、安全监控装置、自动化防盗设备以及计算机网络设备等等,以便不断提高读者工作效率,改善读者工作条件。

(五)资源共享的原则

资源共享是当今图书馆事业发展的一个重要课题,也是读者服务工作的基本原则。关于资源共享的概念,图书馆界的有识之士早在20世纪五六十年代就正式提出了基本的观点,认为资源共享是指图书馆与图书馆之间的关系,即图书馆之间相互分享各自的资源,为读者或用户提供更多的服务。后来,这个概念在原来的基础上又有延伸和发展,例如美国匹兹堡大学教授肯特认为:"资源共享是图书馆的一种工作方式,即图书馆的全部或部分功能为许多图书馆所共享。"他还认为,图书馆资源不仅是藏书,图书馆所拥有的人员、设备、工作成果等都是资源,因而也可以以某种方式为许多图书馆所共享。关于资源共享的目的,肯特认为有两个方面:一个是使图书馆的用户获得更多的文献资料;另一个是为图书馆的用户提供更多的服务,而且这种服务比单个图书馆所支付的费用要少得多。

在图书馆读者工作中坚持资源共享的原则,对单个的图书馆而言,可以变"一馆之藏"为"地区之藏""国家之藏",以至"世界之藏",从而更加充分地发挥馆藏文献信息资源的作用;对群体的图书馆事业而言,则可以在尽可能地减轻单个图书馆负担的基础上,充分发挥图书馆事业的群体作用,用群体的集合力量为社会的广大读者提供质量更高、效果更好的服务,从而极大地提高图书馆事业在社会中的地位和发挥其知识宝库的重要作用。为此,不同系统、不同级次的图书馆,都要从为人类文明的进步多做贡献的高度,认真地、积极地加强图书馆之间的联合和合作,把资源共享这一事关图书馆命运的课题做好。

三、读者工作的发展

图书馆是人类社会的一种社会现象。图书馆作为人类社会信息交流的产物,一方面因适应着人类社会信息交流的需要而生存;另一方面又为更好地适应人类社会信息交流的需要而不断地向前发展。人类社会的发展使图书馆事业成为当今社会发展不可或缺的教育科学文化事业的重要组成部分。在图书馆不断发展的过程中,读者工作作为实现图书馆工作社会价值的一种专业工作活动,伴随着图书馆事业的发展而出现了重大的变化,同时也取得了长足的发展,未来图书馆读者工作的前景将更加美好。

(一)我国图书馆读者工作的主要成绩

建国以来,在党和政府正确的方针政策指引下,经过我国图书馆战线广大职工的积极努力,读者工作出现了喜人的变化,成绩十分突出。其中最主要的变化包括:

1.职能转变。我国各类型图书馆中,已有众多的图书馆用新的开放式的服务系统代替了旧的封闭式的收藏系统。大量读者涌向图书馆,使整个图书馆的工作内容和组织机构发生了重大变革,图书馆工作的重心,已由藏书的保存转向藏书的利用。图书馆情报职能、文化职能和教育职能的发挥,使图书馆读者工作大大地活跃起来,从而影响并作用于社会的进步和发展。同时,读者工作的开展,也极大地推动了藏书的搜集、整理、组织、研究、开发等一系列工作的改进和发展,从而产生了二者"平衡协调,互相推动"的积极效应。

2.作风转变。我国各类型图书馆,由于各种读者的大量出现,藏书的广泛流通使用,使图书馆的工作作风由静态转向动态,变被动为主动。那种坐等读者上门,忙于借借还还的传统的相对保守的服务作风已转变为现代社会的积极主动服务的作风。

3.内容转变。我国各类型图书馆,多数都已变单一服务为综合服务。进入20世纪中期以后,由于社会变革和科学技术革命的突飞猛进,生产水平和教育水平大大提高,各种文献载体相继出现,读者对文献信息的社会需求数量大、范围广、针对性强,从而促使图书馆必须改变单一的借阅服务,增加各种文献载体的全方位的信息服务,开展多次文献信息的调研、揭示、检索、报道、编译、定题等方面的综合性服务工作。

4.方法转变。我国各类型图书馆中,有不少图书馆已变传统手工操作为自动化操作。目前,电子计算机技术在图书馆业务工作,尤其是在读者工作中的应用,已将图书馆工作,尤其是读者工作推向了现代智能化的管理模式。其他的高新技术,诸如缩微技术、多媒体技术、视听技术、网络通讯技术等在图书馆的应用,不但极大地改变了读者服务工作的方式方法,也极大地提高了读者工作的水平。

5.管理转变。我国各类型图书馆正逐步地实现资源共享。过去由于历史条件的局限,图书馆的管理存在诸多落后的观念和现象,实际上,在相当长的时期中,图书馆采用的是一种封闭式的管理。而今,这种落后的管理模式正逐渐地被淘汰。已有越来越多的图书馆正在打破各自为政、条块分割的状态,在内部组织管理方面开展以提高质量和效益为中心的目标管理;在外部则加强横向联系,建立起馆际协作关系,组织成网络化群体,实行开放式服务,逐步实现资源共享。

6.意识转变。我国各类型图书馆中,已有越来越多的图书馆变自我意识为读者意识,自觉地把读者意愿作为图书馆读者工作决策的依据。众多的图书馆领导和读者工作者深刻地认识到,满足读者对图书馆资源的需要是读者工作乃至图书馆工作的基本矛盾、发展趋势和奋斗目标。为此,从"以书为本"转变为"以人为本",从"以藏书为中心"转变为"以读者为中心"的意识已成为图书馆读者工作发展的基本认识和共同趋势。"读者第一""服务至上""一切为了读者"等战略思想,正确地反映了读者工作的本质规律,同时也为图书馆读者工作的发展指明了方向。

诚然,在党和政府的正确领导下,我国图书馆事业得到了长足的发展,读者工作已取得了不可低估的成就,变化是喜人的。但是,我们也应该看到,由于历史的原因和各级图书馆的领导和读者工作者在认识上或实践上存在着差距,在读者工作中,仍然存在"重藏书建设,轻流通使用""重图书报刊借阅,轻文献信息开发"以及"服务手段落后,服务质量不高"等方面的问题。这些问题的客观存在,时时刻刻都在制约着、影响着我国图书馆读者工作的发展,对此,必须引起各级领导和图书馆读者工作者的高度重视!

(二)我国图书馆读者工作面临的新环境

随着人类社会的发展,图书馆的发展进入新的发展时期。现代高新技术的飞速发展,以计算机技术、网络通信技术为代表的因特网的迅速崛起,推动人类社会进入信息社会。与此相适应,图书馆在走过传统图书馆阶段,向自动化图书馆阶段迈进之时,又迎来了数字图书馆阶段。这将是图书馆发展史上的一次革命。在传统图书馆向数字图书馆过渡、转变、发展的新形势下,读者工作也将发生深刻的变化。

在数字图书馆概念出现之前,人们从电子图书馆、虚拟图书馆、无围墙图书馆和数字化图书馆等不同侧面讨论了图书馆的未来发展。电子图书馆主要是指以电子形式(媒介)存贮、传递并提供服务的图书馆,如各个图书馆建立的电子阅览室、OPAC检索等,它重点强调个别图书馆借助于计算机技术在一定范围内提供的读者服务。虚拟图书馆、无围墙图书馆是指读者可以通过网络通信系统检索多个图书馆的数字化馆藏,强调用户获取信息的广泛性和网络传输的重要性。而数字化图书馆则主要侧重于馆藏文献的数字化,将传统印刷型文献转换为数字化文献,并通过高速的广域网提供给读者使用。可以看出,电子图书馆主要侧重于个别图书馆的电子化检索,虚拟图书馆、无围墙图书馆主要强调通过网络检索多个图书馆的馆藏,而数字化图书馆的重点则在馆藏的数字化。

数字图书馆是现代高新技术和文献知识信息以及传统历史文化完美结合的体现。它改变了传统图书馆的静态书本式文献服务特征,实现了多媒体存取、远程网络传输、智能化检索、跨库无缝链接,创造出超时空信息服务的新境界。

数字图书馆建设是以统一的标准和规范为基础,以数字化的各种信息为底层,以分布式海量资源库群为支撑,以智能检索技术为手段,以电子商务为管理方式,以宽带高速网络为传输通道,将丰富多彩的多媒体信息传递到千家万户。它涉及数字信息资源的生产、加工、存储、检索、传递、保护、利用、归档、剔除等全过程。它不是个别图书馆所能完成的任务。它不仅需要全国范围的不同类型图书馆的共同努力,而且需要博物馆、美术馆、档案馆和其他情报信息机构等携手共同完成。

建设中的中国数字图书馆的总体架构,将采用高新技术解决数字图书馆建设中的技术难题,建设中国数字图书馆的资源库,在国家宽带网络系统和因特网上实现对各种资源库的查询与检索。

首先,在信息资源数字化加工方面:①各级图书馆收藏的书籍、报刊、录音、录像、绘画和照片等资料,是中华文化的巨大财富,要把这些传统形式的精品信息资源进行数字化处理和加工,并服务于社会;②有关机构甚至个人推出的电子出版物、数字声像等资料,是信息采集的全新领域,将把这些数字形式的信息资源进行收集和整理,统一协调,资源共享;③以语音、图像和数字综合要素形成的多媒体资料,是信息采集和信息加工为一体的创新活动,将把这些未来形式的信息资源进行组织协调和开发推广,提高信息资源的利用率及制作水平;④以图书馆系统为牵头单位,主动参与有关部门和地区重点信息机构的资料数字化进程,扩大信息资源的领域和范围,促进国内协作与国际交流;⑤结合我国国情,展开多形式、多语种和多文本的信息资源的再加工,以适应不同层次、不同民族、不同手段用户的不同需要,实现文献信息的有效性、普及性和公益性;⑥加强数字化信息资源的存储、检索和标准化等工作,逐步实现文献信息管理与利用的智能化进程,不断提高管理与利用效率,为适应未来更加复杂、更加灵活、更加高效的社会经济活动打下良好的基础。

其次,在信息资源网络化传输方面:①真正形成从信息源到信息源、从信息源到用户,甚至国际间信息流传输的网络化。由于数字图书馆的重要特点之一是公共信息,所以运用的网络系统应该是通用网,应该具备因特网的通信协议(TCP/IP)和文本格式,只有这样才能达到公共传播和全球交流的目的;②建设中的中国数字图书馆在充分考虑信息结构的未来需求中,除确定骨干网(包括广域网、城域网)具备宽带、高速的传输要求外,用户环路(包括局域网、用户端)条件成熟时也需要具备宽带、高速的传输条件,以满足交互式多媒体信息源发展的要求;③建设中的中国数字图书馆,在网络的终端——用户界面上,要实现可操作的交互式网络传输功能,使用户既是信息源的利用者,又是信息的提供者。

建设中的中国数字图书馆还将具有广泛的国内社会服务体系、特色的国际信息交流能力。因此,它不仅能促进文化信息产业的发展,增强国家的国际竞争实力,而且还将创造十分可观的直接经济效益和间接经济效益。

首先,它将实现信息服务市场化。信息服务的市场化主要体现在社会效益和经济效益两个方面。成功的实践经验告诉我们,谁掌握了信息源并使之产生效益、取得财富,谁就具备了信息服务市场的竞争能力。我国一方面具有信息源的巨大宝库,另一方面又具有巨大的信息服务市场。在此优越的条件下,它将实现以下主要的信息服务业务:①数字图书馆的社会化信息服务;②数字图书馆的信息发布和广告的媒体服务;③数字图书馆的电子出版物的购销服务;④数字图书馆音像、影视作品的点播服务;⑤数字图书馆的国际间数字化产品的交流服务;⑥数字图书馆用户间交互信息的公告服务。此外,根据信息结构的不断创新和市场需求的不断变化,可以随时将新产生的其他形式信息服务业务调整进来。

其次,它将做到信息机构国际化。数字图书馆所实现的信息服务,同以往传统意义上的信息服务最大的不同在于无空间限制的服务。它将形成无房屋限制、无地域限制、甚至无国界限制的全球服务体系。建设中的中国数字图书馆将要在下述方面大胆尝试、取得突破:①国际间数字图书馆机构的业务协作;②国际间网络经营服务机构的市场互补;③国际间信息资源经营机构的信息共享;④国际间软、硬件开发机构的技术交流等。

第二节　服务场所的设置和布局

图书馆为读者服务,除了必须收藏一定数量的文献外,还必须为读者提供利用馆藏文献信息的服务场所。因此,在读者工作管理的各项内容中,服务场所的设置和布局是我们应该首先做好的管理工作。

一、图书馆服务场所的设置

图书馆为了做好为读者用户的服务工作,尽可能满足读者的阅读需求,在服务场所的设置和布局方面,总是千方百计地为读者安排、布局不同功能、不同类型的服务场所。从图书馆读者工作的实际需要看,文献流通服务场所的设置主要包括下列这些"部门""岗位"和"场所"。

(一)读者咨询处

"读者咨询处"是图书馆为了帮助读者解决在利用图书馆的过程中遇到的问题而建立的服务岗位。

一般地说,读者在利用图书馆的过程中,希望了解图书馆的基本情况;希望知道图书馆能为读者做些什么服务工作;希望了解图书馆的服务机构、服务设施、服务内容、服务方法、开馆时间、各项规章制度;希望了解图书馆馆藏文献信息的基本情况,更希望掌握有关文献信息的利用方法等。这些都是"读者咨询处"经常碰到的读者咨询的问题。

从图书馆形象工程而言,"读者咨询处"是非常重要的文明服务的窗口。因此,应该选择职业道德高尚,业务水平精湛的人员担任该岗位工作。在读者咨询处工作的人员,在接待读者的时候,不仅要求说话态度和蔼,有问必答,服务热情周到,而且还要求回答准确,主动引导,帮助读者解决利用图书馆中遇到的各种难题。

(二)发证处

"发证处"是图书馆为读者办理外借证、阅览证等读者借阅凭证的服务岗位。"发证处"是图书馆组织发展读者的窗口。"发证处"的地点应选择相对宽阔的房间,同时应该选择读者易于辨别的明显处。必要时可选择临街的地点建立"发证处"。

为了方便读者领取借阅证,"发证处"的服务时间也可灵活安排,必要时可以延长办证时间,甚至可以在节假日办理领证手续。为了把发证工作做好,除了要求"发证处"的工作人员要熟悉业务,热心服务之外,还要求在"发证处"公布有关读者领取借阅证的有关规定和要求,为读者提供必要的"一条龙"办证的服务条件。

(三)书目检索室(厅)

"书目检索室(厅)"是图书馆为读者查找检索馆藏文献服务的场所。为了方便读者利用馆藏文献,除在"书目检索室(厅)"设立各种类型的目录,如题名目录、责任者目录、分类目录和主题目录外,还要公布有关各种类型目录的结构特点和功能作用以及具体的查找检索方法。必要时,还可以设置文献检索流程图,帮助读者尽快掌握书目查找方法。

在"书目检索室(厅)"工作的有关人员,除做好目录的组织管理工作外,还要认真做好指导读者使用目录的工作。在具体的服务工作中,应主动热情地向读者介绍本馆使用的图书分类法和文献分类体系、号码制度;向读者介绍各种目录的体系、功能和编排方法;解决读者在使用目录时遇到的困难;读者需要时,还可以直接为读者查找所需文献的"著录款目"等。

(四)借书处

"借书处",也叫"外借处"或"图书出纳处"。它是图书馆为读者办理外借馆藏文献手续的服务场所。为了满足读者将馆藏文献借出馆外自由阅读的需要,图书馆可以分别设立"个人借书处""集体借书处""馆际借书处"等不同服务对象的"借书处",为个人读者、集体读者和办理"馆际借书"的读者提供借阅馆藏文献的场所。

为了提高"借书处"的工作效率,在"借书处",除了通过宣传橱窗、宣传推荐最新的馆藏文献和优秀文献外,还应在明显的位置张贴有关读者外借馆藏文献的具体规定。比如"读者条件""借书期限""逾期处理"和具体的"借书手续"等等。

(五)阅览室

"阅览室"是图书馆为读者提供馆内借阅文献、查找资料服务的场所。根据读者对象和文献内容、形式的不同,"阅览室"可以分为许多类型:比如"综合阅览室""科技图书阅览室""文艺作品阅览室""工具书阅览室""港澳台图书阅览室"和"教师阅览室""老年读者阅览室""少年儿童阅览室"等。为了更好地为读者服务,在"阅览室"中都要公布有关的阅览规则和注意事项,让读者了解有关"阅览室"管理的具体规定和阅读有关文献的要求,从而与馆员一起维护"阅览室"的秩序,把"阅览室"的服务工作做得更好。

不同"阅览室"工作人员的配备,总的要求是专业技术职务高一些,业务水平高一些,职业道德水平高一些。在具体服务工作中,各"阅览室"的工作人员除要求具备相关文献的知识外,还要求主动收集整理有关文献的书目、索引、文摘,经常向读者揭示新书、新刊、新报的主要内容,引发广大读者查找利用的兴趣。此外,还要求"阅览室"工作人员要善于利用现有条件,积极主动地做好书刊的宣传推广和阅读辅导工作,认真解答读者的一般性阅读咨询。

(六)音像资料视听室

"音像资料视听室"是专门为读者查阅、欣赏各类型音像制品和不同主题的音像教学资料而开设的特种文献阅览室。这种阅览室与普通阅览室不同,它要配置录放像机、录放音机、CD、VCD、DVD机和高保真投影设备以及高保真音响设备等视听设施。同时还要对视听环境进行必要的装修,以便保证必要的音响效果和视听质量。对"音像资料视听室"工作人员的配备,要在保证基本业务素质的前提下,选择那些懂得电子技术和音像资料知识的人员担任,使视听服务工作能够在保证安全的前提下顺利进行。

(七)电子读物阅览室

"电子读物阅览室",也叫"电子阅览室"。它是图书馆为读者查找利用馆藏数字化文献等电子出版物,或通过"因特网"等广域网、城域网、局域网查找利用网络文献信息资源而设立的特种文献阅览室。这种阅览室的设备一般应包括:多媒体电子文献阅览设备;电子文献编辑制作系统设备;电子读物阅览室小局域网平台和终端设备;本馆局域网系统和"因特网"平台等网络系统设施。

电子读物阅览室工作人员的配备要求极高,除了懂得图书情报的基础知识和技能以外,还要求懂得电子计算机的基本使用方法以及基本的维护知识,懂得电子计算机网络知识和维护技能。此外,电子读物阅览室工作人员还要具备网络"导航员"的能力,在具体的服务工作中真正成为读者查找利用网络文献信息资源的良师益友。

(八)文献复制室

"文献复制室"是图书馆为读者在不能外借馆藏文献,或希望长期保存特定文献内容时而设置的文献复印服务场所。一般地说,在"文献复制室"应配备不同功能、不同规格的复印机。如普通复印机、大图纸复印机等。必要时还可以配备多媒体电子计算机、光盘刻录机、磁带复录机及录像带复制机等,为读者开展音像资源和电子文献复制服务工作。为了做好文献复制服务工作,在安排"文献复制室"工作人员时,要特别注意配备有图书情报专业知识和专业技能的人员担任有关工作。此外,还要十分注意文献保护工作,千万不要忽视在文献复制服务工作中可能对馆藏文献产生的损害。

(九)读者生活服务区

读者是图书馆的服务对象。我们不仅要努力做好文献信息的提供服务工作,而且还要真心实意地做好读者在图书馆内的生活服务工作。一般地说,为读者提供的"休息室""卫生间""洗手间"是最基本的生活服务设施。此外,有条件的图书馆还可以为读者设置"小件物品寄存处",为读者设置"饮水处",为抽烟的读者设置"吸烟室",为长时间在馆内阅览的读者设置"快餐厅",为急需文具用品的读者设置"小卖部",为满足读者的通信需要,在图书馆的适当位置安装公用电话,甚至为带小孩到馆借阅文献的读者设置"托儿室"等等。读者生活服务区的设置,体现了图书馆"以人为本""一切为了读者"的服务思想。凡是有条件的图书馆,都要努力做好这方面的服务工作,从而使读者能在图书馆享受到"宾至如归""到馆就是到家"的亲情。

(十)读者工作办公室

"读者工作办公室",是专门承担读者工作管理和接待读者的部门。一般地说,"读者工作办公室"的任务主要包括两个方面:一是做好读者服务工作不同岗位的组织管理工作。比如服务岗位的管理,读者工作统计、分析,制定读者工作计划,读者工作总结,以及读者服务工作人员的思想工作和考勤、考绩、劳动组织工作等;二是读者咨询接待服务工作,帮助读者解决在利用图书馆过程中所遇到的有关问题,调解服务工作中产生的各种矛盾,疏导馆员和读者之间的关系等等。为此,配备读者工作办公室的人员时,一定要选择那些既懂业务,又懂管理,而且善于政治思想工作的人员担任办公室工作。

二、图书馆服务场所的布局

为了更好地为读者服务,各类型、各级次的图书馆在条件允许的前提下,都要十分重视服务场所的设置、布局的合理性和服务功能的完整性。

上述不同类型的服务场所和设施的设置和布局,都要求能够适应不同读者阅读活动方式的特点和图书馆全局工作的需要。因此,我们在考虑图书馆读者服务场所的设置和布局时,一定要注意处理好下列几项原则性的要求:

(一)注意服务功能区"划分合理"

图书馆读者的阅读活动方式是多种多样的。一般而言,读者的阅读活动可分为:群众性服务活动,如报告会、讲座、展览等;外借阅览服务活动;参考咨询服务活动;音像资料和电子读物视听服务活动等不同类型。

我们在设置和布局不同的服务场所时,一般地说,可以把"读者咨询处"安排在读者刚进入图书馆的过厅处,为读者利用图书馆提供最及时的咨询服务;设置和布局"外借处"时,一般要尽可能安排在一层并远离阅览室的地方;有的图书馆在外借、阅览、视听服务的时间上有早有晚,为了管理方便,我们可以把下班较晚的服务场所安排在有独立进出通道的地方。这样不仅利于管理,而且也方便了读者。

(二)注意"动静分离"

在图书馆服务场所的设置和布局中,由于服务功能的不同,有相对的"热闹区",也有相对的"安静区"。比如"视听室""报告厅"等属于"动区",而"阅览室""文献检索室"等则属于"静区"。为了让读者有一个相对安静的阅读活动环境,一般要求把"报告厅""视听室"和其他读者活动区安排在远离"阅览室""文献检索室"的地方,使动静分离,互不干扰。

(三)注意"服务程序清晰,人流畅通"

说的是,在设置和布局读者服务场所时,要根据读者利用图书馆的基本特点,将"一般咨询服务""外借服务""阅览服务""视听服务""参考服务""检索服务""复制服务"和"读者群体活动服务"等,进行科学的布局和安排,使读者进入图书馆后,能够迅速地进入其所需的服务场所,从而达到"人流畅通,互不干扰"的基本要求。比如"文献复制"服务场所的设置和布局,一般要求安排在离阅览室较近的地方,这样,一方面可以节约读者时间,另一方面也有利于保护书刊。

(四)注意"服务场所和其他工作部门的相互联系"

就是说,在设置和布局读者服务场所时,一方面要注意服务场所和办公区的相互渗透,以便及时有效地处理读者服务工作中出现的问题；另一方面要尽量便于服务场所与文献加工部门、参考咨询部门的联系，以便及时有效地为读者提供内容更加丰富的服务。

三、借阅服务体制的确立

图书馆为读者、用户服务的工作，实际上是一项系统工程。它涉及的内容十分广泛。在读者服务工作体系中，必须认真研究、科学决策的一个重大课题，就是确立"借阅服务体制"。在"借阅服务体制"中，从图书馆读者服务工作中总结的经验看，主要有"开架""闭架""开架""部分开架""自由开架"和"安全开架"等体制。根据图书馆的性质、职能、任务、馆藏特点和读者对象的不同，可以采用其中一种借阅体制，也可以同时采用多种借阅体制，形成具有本馆特色的组合型借阅服务体制。

所谓"开架借阅"，指的是图书馆允许读者进入书库并直接、自由地挑选书刊的借阅体制。作为一种借阅体制，"开架借阅"主要有两个特点：一是允许读者进入书库；二是允许读者在书库内自由挑选书刊。"开架借阅"是现代图书馆普遍采用的一种借阅体制，也是深受读者欢迎的借阅体制。

所谓"闭架借阅"，指的是图书馆不允许读者进入书库，也不允许读者在书库内自由挑选书刊，读者所需要的书刊必须通过馆员提取才能借阅的借阅体制。"闭架借阅"的特点，归纳起来也是两点：一是读者不允许自由进入书库；二是所需书刊必须通过馆员的帮助才获得。从读者借阅书刊的过程看，"闭架借阅"比"开架借阅"要繁琐得多。一般地说，读者想借阅书刊时，都要经过"查阅目录""填借书条""馆员凭条取书"和"办理借阅手续"等一系列过程。因此，多数读者都不喜欢这种借阅体制。

所谓"半开架借阅"，指的是图书馆利用陈列展览的形式，将部分流通量大的书刊或新到馆的书刊陈列放置在特殊设计的玻璃书架上，读者可以看到书脊或书的封面等外貌特征，并允许读者浏览挑选，但不允许读者自取。借阅时必须通过馆员提取并办理相关手续。这种借阅体制也称"亮架"制。"半开架借阅"与"闭架借阅"相比，放宽了对读者的开放程度，读者可以直接浏览书架上的书刊，而且免去了"查目填单"的麻烦。尽管"半开架借阅"对读者仍然有所限制，但读者仍然欢迎这种借阅体制。

所谓"部分开架"，指的是图书馆的流通书库在对大多数读者仍然采取"闭架借阅"体制的前提下，允许部分重点读者进入书库自由挑选书刊的一种有限制的借阅体制。这种借阅体制也称为"闭中有开"制，是不少图书馆为那些具有高级专业技术职务或承担重点课题研究任务的读者采用的特殊的借阅体制。

所谓"部分闭架"制，指的是图书馆的流通书库对大多数读者采用"开架借阅"制的前提下，对于其中部分馆藏文献采用"闭架借阅"制的一种借阅体制。图书馆采用这种"部分闭架"制，主要原因是为了更好地保管、利用部分有特殊价值的藏书，同时也是为了对读者实行必要的"区别服务"，更好地保证"重点读者"的需要。这种借阅体制也称为"开中有闭"制，是目前许多实行"开架借阅"的图书馆普遍采用的一种借阅体制。

"开架"与"闭架"，是图书馆藏书向读者借阅开放的两种基本制度。"半开架""部分开架"与"部分闭架""自由开架"与"安全开架"等等，则是由"开架"与"闭架"演绎出来的补充制度。就一个图书馆而言，究竟采用何种借阅体制为读者服务？这是一个十分重要的问题。在某种意义上说，它涉及到一个馆的办馆指导思想，涉及到图书馆人对图书馆事业发展的基本判断。归根究底，它涉及到图书馆人如何落实"以人为本""一切为了读者"这一高尚的工作口号问题。因此，每一个图书馆都要结合本地区、本单位的实际，认真研究读者的需求，采用相应的借阅体制，努力做好读者服务工作。

作为图书馆为读者服务工作的一种发展趋势，"开架借阅"体制在经历了长期的图书馆服务实践的考验之后，已经成为现代图书馆首选的一种借阅体制。

"开架借阅"作为现代图书馆普遍采用的一种借阅体制，人们经过长期的实践与研究后认为，它与"闭架借阅"体制相比，具有许多优势。其中最突出的有：①读者直接接触丰富的藏书，能自由挑选适合自己需要的书刊；②读者与藏书直接接触，能开拓读者的视野，提高阅读的积极性，从而吸引更多的读者；③方便了读者，节省了读者的时间，缩短了读者获取文献的过程，从而提高了读者阅读活动的效果；④扩大了馆藏文献流通的范围，降低了文献流通的"拒借率"，减少了部分不符合读者需要的馆藏文献无效的馆外流通；⑤馆员可以从"进库找书"的繁忙工作中解脱出来，从而可以用更多的时间接触读者，了解读者，并在此基础上开展"解答咨询"和"阅读辅导"工作，为进一步深化服务工作创造了有利条件。

"开架借阅"作为一种借阅体制，尽管有许多优势，但也存在这样或那样的问题。比如人们经常提到的"丢书""破损"和"乱架"三大弊端，是图书馆人在实行"开架借阅"体制过程中最忌讳，也是最头痛的问题。因此，当我们实行开架借阅体制之时，不要忘记在充分发挥"开架借阅"体制长处之时，一定要采取行之有效的措施去克服"开架借阅"体制的短处。中外图书馆长期的"开架借阅"实践证明，只有加强科学管理，采取必要的、切实的措施，将"丢失""破损"和"乱架"减少到最低限度，使馆藏文献的损耗降低到可以允许的范围之内，使绝大多数读者利用馆藏文献信息的利益得到基本保证，在这种前提下，"开架借阅"体制才能持久地巩固和发展下去。

第三节　读者工作规章制度

"图书馆读者"是一个复杂的"概念"或是一个内涵深刻的"称谓"。众所周知，读者在性别上有"男与女"之分；在年龄上有"老与少"之分；在数量上有"个体与群体"之分；在成分上有"职务与职称"之分；在文化上有"高与低"之分；在阅读需求上有"特性与共性"之分；在政治思想上有"先进与落后"之分等。由此观之，作为抽象的概念，"读者"是十分简单的。然而，作为具体的概念，"读者"又是十分复杂的。如何满足复杂的、各类型的读者的阅读需求？如何处理好具体的"个别读者"与"广大读者"之间的需求矛盾？如何处理好馆员与具体的"个别读者"之间的服务与被服务关系？归根结底,如何处理好读者服务工作中出现的矛盾？如何调整好人与人之间的关系？无一不是图书馆人必须面对的"依法治馆"的问题。

一、读者工作规章制度的意义

"读者工作规章制度",指的是读者工作人员和读者都必须共同遵守并具有法规性的工作条例、章程、规则、细则和办法。它是读者工作实行科学管理的依据和准绳,是读者工作正常且有秩序地进行的保证。因此,不管何种规模、何种性质的图书馆,为了提高读者工作的效率,维持正常的读者工作秩序,都必须建立一套严密的、科学的规章制度。

严密的、科学的规章制度不仅要正确地反映读者工作中的"业务工作"和"技术操作"的特点和规律,成为进行读者业务技术工作的准绳,而且要正确地解决读者工作部门各个领域内不同工序、不同环节、不同岗位的业务技术问题,正确地解决读者与工作人员之间的关系问题,正确地解决读者工作人员与读者、一部分读者与另一部分读者之间的关系问题。

严密的、科学的规章制度应体现出图书馆人在长期的实践中积累起来的成功经验。在一定意义上说,严密的、科学的规章制度也是经验的规范化、法制化、条例化。因此,它应当揭示出在读者工作中,图书馆人提倡什么、反对什么、约束什么,使读者工作的管理者和使用者都能按照规章制度办事,从而保证读者工作正常地、有秩序地进行下去。

严密的、科学的规章制度是图书馆读者工作实践经验的总结和概括。然而,随着图书馆读者工作的不断发展和图书馆人认识的进一步深化,它又不是一成不变的。随着图书馆读者工作的发展,图书馆人应当根据客观情况的变化,及时地对不适应当前工作需要的规章制度进行修改补充,必要时还可以彻底推翻,重新进行新的规章制度的制定工作。为了保证规章制度制定和修改的科学性和实用性,我们应严格划清合理的制度与不合理的制度、正确的制度与错误的制度、必要的制度与过时的"清规戒律"之间的界限。

在图书馆读者工作中,纯业务工作具有很强的积累性、持续性和关联性,而且其工作的结果是否正确无误还和读者的切身利益相关。因此,图书馆读者工作规章制度要最大限度地保持其稳定性和规范化,应当尽量减少和避免不是十分必要的变动。为了保证读者工作秩序的正常进行,当要修改必须变动的规章制度之时,不要忘记:不破不立,破了必须要立。最好的做法是"先立后破""边立边破",以防青黄不接,使工作秩序产生混乱。

二、读者工作规章制度的建立和执行

为了保证读者工作能够正常地、有秩序地、稳定地进行,图书馆在制定读者工作规章制度时,一定要严肃认真,科学严密,力求所制定的规章制度均能符合实际需要,并得到绝大多数读者和图书馆人的支持。为此,我们在制定读者工作规章制度的时候,一定要坚持走"群众路线",要注意实行"从群众中来,到群众中去"的工作方法。此外,也是十分重要的方面是要在建立读者工作规章制度的时候,认真考虑并处理好下列几个方面的关系:

(一)图书馆与读者的关系

图书馆在制定读者工作规章制度时,既要注意以方便读者为出发点,又要注意把规章制度建立在科学管理的基础上,并且把两者科学地统一起来。在这里要提醒的是:所谓"方便读者",是指对绝大多数读者提供方便,而不是方便一部分读者而妨害另一部分读者的利益。而且这种"方便"是长远的方便,绝不是方便于一时,而贻误于长远。因此,要以科学的管理来保证。

(二)读者与读者的关系

读者工作规章制度的制定,要注意体现"保证重点,照顾一般"的原则。也就是说,在保证"重点读者"需要的前提下,满足一般读者的基本阅读需求。从总体上说,图书馆要通过制定并实施有关的规章制度来保护绝大多数读者的利益。比如,外借书刊逾期处理的制度;丢失、损坏书刊的赔偿制度等等。实施这些规章制度,其目的就是为了保证绝大多数读者的共同利益。

(三)利用藏书与保管藏书的关系

"利用藏书"与"保管藏书"是一对矛盾。读者工作规章制度应当从便利读者利用藏书出发,但同时又要考虑到保护图书财产的完整。从"利用藏书"与"保管藏书"两者之间的关系看,"利用藏书"是图书馆工作的目的,"保管藏书"则是为了保证读者能够更好地、更长远地利用藏书。因此,图书馆人应从健全规章制度和掌握规章制度这两个方面去调整"利用藏书"与"保管藏书"之间的辩证关系。比如,对一些复本极少的"热门书",可以规定在一时期内以"内部阅览"为主,甚至暂时不予外借阅览。又比如,对有些书刊只提供给有专门研究任务的读者使用,而不提供给一般读者使用。如此等等,都是为了保证"重点读者"的特殊需要而做出的规定。即便如此,仍然符合"方便读者"这一服务宗旨。

(四)图书馆内部各部门之间的关系

图书馆工作是由"采、分、编、藏、阅"等业务部门组成的有机的整体。而读者工作部门则是直接为读者服务的前哨、桥梁和参谋部门。为了保证读者工作的正常开展,必须保证书刊资料的收集、整理工作和流通推广工作之间的平衡,并保证按照"定时、定量、定质"的要求做好为读者工作部门的服务工作。因此,在制定规章制度时,必须通过制定有关的规章、条例和规范,把读者工作部门和图书馆其他工作部门有机地联系起来,形成"既有分工,又有协作"的良好的工作关系,为做好读者工作创造更加有利的条件。

(五)"大法律"与"小法律"的关系

客观地说,图书馆读者工作规章制度是在本馆范围内实施的"小法律"。尽管在制定读者工作规章制度时,我们会根据许许多多的理由对某些事情做出具体的规定。这些规定可能是合理的却未必都是合法的,有时可能是违法的。

对此,我们应当在制定读者工作规章制度时,非常认真地想一想,我们的规章制度是否符合"大法律"的规定。比如,当我们规定图书馆的发证对象时,是否无意中剥夺了每一个公民都享有的利用图书馆的权力?当我们规定对某些违反读者工作规章制度的读者进行"罚款"等方面的"处罚"时,是否无意中超越了图书馆本身的"权力"?当我们规定读者利用图书馆馆藏某些文献要交纳一定的费用时,是否无意中违反了"物价法"的规定,使图书馆的收费变成为"合理"却不合法?因此,当图书馆人在制定并实施某种读者工作规章制度时,一定要认真地研究"大法律",运用"大法律",从而使图书馆的读者工作规章制度这个"小法律"变得既合理又合法,为保证读者工作秩序的正常、稳定做出积极的贡献!

实践证明,建立科学的、严密的读者工作规章制度,既是图书馆管理工作的重要环节,又是一种极为重要的管理手段。读者工作规章制度一旦制定并批准实施,就应当坚决执行,真正做到"有法必依,执法必严,违法必究"。

图书馆人和全体读者,都应以主人翁的姿态去监督和保证规章制度的执行和落实。为了保证读者工作规章制度的贯彻执行,还应建立监督检查制度,建立相应的监督检查组织,把监督检查工作落实到人。必要时,还应把贯彻执行规章制度的工作任务与干部考评、奖惩工作结合起来。这样做,读者工作规章制度的贯彻落实就不会有其名、无其实。读者工作规章制度才能在保证、维护读者工作正常、稳定、有序运行的过程中真正发挥作用。

三、读者工作规章制度的内容

图书馆读者工作规章制度的内容范围十分广泛。从狭义的角度看,它主要指"读者工作规章制度";从广义的角度看,除"读者工作规章制度"之外,还包括间接为读者服务的"采访工作规章制度""编目工作规章制度""书库管理规章制度"和"行政管理工作规章制度"等。这些规章制度有的是属于业务工作规章制度;有的则是属于行政管理工作规章制度;有的是属于内部管理的规章制度;有的则属于外部管理的规章制度。从狭义的业务工作规章制度看,"读者工作规章制度"最基本的内容主要包括"面向读者"的规章制度和"内部管理"的规章制度两个方面。

1."面向读者的规章制度"。指的是"读者借阅规则"和"阅览工作细则"。在读者借阅规则中,又可分为读者登记、借阅证的发放原则和方法、借书手续和规程、阅览室服务规则、文献复制服务规则、丢损文献赔偿规定和读者违章处理规定以及读者利用图书馆成果申报办法等。阅览工作细则主要包括普通阅览室工作细则,音像资料视听细则,电子读物阅览细则,"因特网"资源利用细则等。阅览工作细则除对读者提出守则性的明确要求之外,还要明确馆员如何接待读者和如何保管书刊,以及明确规定服务范围、服务对象、服务标准等。

2."内部管理的规章制度"。指的是读者工作部门的职责和任务,工作人员的岗位责任制度,工作人员的语言行为规范,服务公约,环境卫生管理办法,以及奖惩条例等。

上述各项规章制度,不是孤立存在的。在这些规章制度中,既要对馆员和读者提出明确要求,也要对馆藏文献提出一些保护性的规定;既要注意处理馆外有关方面的关系,也要注意处理馆内各部门之间的关系,此外,还应该注意规章制度的整体与部分之间、一项制度与另一项制度之间、同一制度中的一条规则与另一条规则之间的前后呼应和互相衔接,尽量避免前后之间的矛盾和对立,把读者工作规章制度建设成为一套完善的调整读者工作各项关系的制度。

第四节　服务工作环境

图书馆为读者服务所开展的一切活动,都离不开一定的环境。读者在利用图书馆的过程中,时时刻刻都与图书馆环境联系在一起。要做好读者服务工作,充分发挥图书馆的作用,就要认真研究图书馆环境对读者的影响,努力改善图书馆环境,为读者利用图书馆创造优良的环境。

什么是图书馆环境? 概括地说,环境指的是相对于人的外部世界。作为一种概念,它有广义和狭义之分。广义的环境,是指环绕着人们的一切客观现实。它包括直接作用于人的客观现实,也包括间接作用于人的客观因素,如历史环境、时代环境、世界环境等。狭义的环境,指的是直接作用于人的客观现实,如图书馆环境、家庭环境、社会环境等。这些环境中的现实因素,时刻都在影响着读者的借阅活动以及图书馆读者服务工作的内容和方向。

构成环境的因素是多种多样的。比如:光学的、声学的、化学的、物理的、生物的、气象的、景观的、社会的以及卫生的等等,都是构成环境的因素。这些不同的因素都将影响每一个人,在人心中得出环境好与坏、优良与恶劣的结论。

图书馆环境中的各种因素,作为直接影响读者和馆员的客观现实,是优是劣,是好是坏,都将产生两种截然不同的结果。优美、安静、整洁的图书馆环境,会使馆员、读者心旷神怡、情绪饱满、工作效率高、阅读效果好;相反,如果是一个脏乱差、噪音大、干扰多的图书馆环境,则将使馆员、读者感到心烦意乱,甚至厌恶和恐惧,从而影响工作和阅读效果。为此,从读者工作管理的高度,应该十分注意做好服务环境的改善工作。

图书馆的服务环境,主要包括两个方面:一是图书馆内外的自然环境特征,即"物理环境";二是馆员服务活动的外部特征,即"人文环境"。上述两个方面的环境特征构成了我们常常提到的"馆容馆貌",具体而言,它主要包括"图书馆的外貌""图书馆的内部空间""图书馆的装饰和陈设""图书馆的照明和色彩""图书馆的噪音控制"和"馆员的服务活动"等几个方面的内容。

一、图书馆的外貌

"图书馆的外貌"指的是图书馆馆舍建筑造型和周围环境。图书馆是人类知识的宝库,是人们读书治学的场所。为此,人们把图书馆称为社会文明的"窗口""人民的社会大学"或"没有围墙的大学"。为了深刻地反映图书馆的内涵,在图书馆的馆舍建筑造型和周围环境的设计和配置方面,有关人员早已开始进行深入的分析研究和开展了创造性的建筑艺术设计。经过长期的实践,无论是图书馆人,还是建筑设计专家,都一致认为:馆舍建筑造型应具有时代的技术特征,又要具有深刻的哲理和感人的艺术魅力,能给人以文明道德、刻苦攻读、陶冶情操的感染力。

实践证明,建筑与环境的协调,最终又反过来作用于环境,创造出富有新意的环境。因此,图书馆的地址和建筑造型应充分考虑地形地貌的特点及其他的环境因素。此外,为了给读者提供一个良好的环境,还应考虑图书馆的位置要适中,交通要方便,环境要安静、优雅,还要防止各种干扰和污染等。

二、图书馆的内部空间

"图书馆的内部空间"指的是馆员和读者在馆内活动的内部环境。比如馆员工作室、读者阅览室、文献外借处、音像资料视听室、读者研究室、文献陈列室等等,都是馆员和读者共同活动或分散活动的场所。这些活动场所均是人们按照特定的需要,凭借一定的材料和技术,按照图书馆读者服务工作的特殊需要而"围隔"出来的"人造空间"。现代图书馆的建筑空间与传统图书馆的建筑明显不同,它已摆脱传统图书馆的格局,更加强调灵活性和实用性,以适应服务工作的变化和调整的需要,以及未来工作发展的需要。

根据读者服务工作的实际需要，图书馆建筑的空间设计，已由小开间向大开间发展。工作需要多大的空间，就可以灵活采用活动的轻质隔墙和活动平拉门或屏风进行隔断。这样设计布局空间，不但可以少占空间，而且也十分有利于房间内的通风和采光。这种灵活可变的设计布局，不仅具有功能上的灵活性，而且还有装饰、美化室内环境的作用。此外，为了使图书馆室内空间与室外空间能更好地相互"沟通"，在设计上突破建筑外框的"禁锢"，设计成"开放式空间"，采用大墙，使室内空间从感觉上延伸到室外空间，蓝天白云或庭院里美丽的自然景观尽收眼底。这种设计布局，采光、通风效果好，而且使人犹如置身于幽静、美丽的大自然之中，十分有利于读者、馆员保持良好的心态。

三、图书馆的装饰和陈设

图书馆的装饰和陈设是提高图书馆环境质量的重要一环，它对读者阅读活动具有特殊的影响作用。人们把装饰和陈设看成净化心灵，陶冶性情的高级需要。装饰和陈设按照图书馆读者服务工作环境的不同需要，可以灵活设置和安排，以便取得良好的效果。比如，在门厅或走廊里，可设置"名人名言"，也可以制作寓意深刻的雕塑、壁画；在阅览室里，可以悬挂古今中外名人的肖像画，比如孔子、司马迁、柏拉图、亚里士多德等的肖像画，用以激励读者。也可以悬挂寓意深刻的风景油画，以中和肖像画可能带来的枯燥，或变换一下视觉感受。

为了调节读者的情绪，还可以在阅览室内放置时令花草，营造出幽雅的绿色环境，或悬挂"中国地图""世界地图"，让读者的思维获得更广阔的空间。此外，诸如窗帘、地毯、台布、帷幔、贴墙布，以及椅垫等装饰物品的选配上，都要因地制宜，注意款式、颜色、花型、大小、做工，以及吊挂方式等。总而言之，只有精心设计、布置得体、巧妙安排，才能营造良好的室内氛围，才有助于图书馆功能的充分发挥。

四、图书馆的照明和色彩

图书馆的照明和色彩是改善图书馆环境质量的重要因素之一。长期的工作实践证明,图书馆的照明和色彩不仅会影响馆藏文献的寿命,而且还会影响读者和馆员的身心健康。为此,我们对图书馆的照明、色彩和直接反映色彩的绿化等应给予高度重视。

(一)照明

文献是图书馆工作的重要对象,也是读者阅读活动的重要组成部分。从具体的活动看,绝大多数的情况都与读者、馆员的视觉相关,也就是说,只要阅读文献,就必须用"眼睛"去完成阅读的全过程。因此,阅读或识别文献的环境必须采光充足。实践证明,阅览室、书库、目录厅、馆员工作室等场合的照明度都不能太弱。这是由于光线太弱,将引起人们的视觉疲劳。当然,光线也不能太强。因为在太强的光线下工作,会损伤人们的眼睛。

有关建筑设计部门在图书馆人工照明度的设计方案中,一般都十分注意照明问题。从图书馆照明度的设计看,要注意的是从实际需要出发,从读者和馆员在视力、工作性质、文献类型、字体大小、印刷质量等方面存在的差别做出合理的安排。这里要指出的是掌握好"度"。照明度太高,不仅对人的视力会带来伤害,而且还将带来资金、物资的浪费;照明度太低,不仅会影响阅读、工作效率,而且会损害人们的视力。因此,有关管理部门在保证照明度的前提下,应注意合理控制光源高度、亮度及桌面、墙面等环境颜色的配置和光滑度,避免眩光的产生。

在考虑图书馆照明时,为了适应管理工作的需要,对阅览区的照明可分区控制,在陈列室或阅览桌可设局部照明,以便提高局部的照明度;书库照明宜选用不出现眩光的灯具,灯具与图书资料等易燃物的距离不应小于0.50m。当采用荧光灯照明时,宜采用节电装置;书库照明可分区分架控制,每层电源总开关应设于库外。凡采用金属书架并在其上敷设220v线路、安装灯具及其开关插座等的书库,必须设防止漏电的安全保护装置;书架行道照明应有单独开关,行道两端都有通道时应设双控开关;书库楼梯照明也应采用双控开关;外借数量大的出纳厅,可按需要设信号或屏幕显示装置。此外,还应注意设置应急照明、值班照明或警卫照明,以便适应安全、保卫工作的特殊需要。

(二)色彩

赤橙黄绿青蓝紫,是人们生活的重要组成部分。图书馆作为广大读者和馆员学习、工作的公共场所,馆内色彩效果的好坏直接影响到读者、馆员学习、工作的情绪,并给读者、馆员的心理带来深刻的影响。

光线有强弱之分,其波长也有长短之别。各种不同波长的光线映入人的眼帘,就形成了不同的颜色,并给人们带来不同的刺激,从而影响人们的心理变化和精神状态。

不同的色彩给人留下的感觉各不相同。比如色彩颜色不同,会让人有冷暖不同的感觉:红、黄、橙等颜色使人产生温暖之感,并使人的情绪为之兴奋;而青、蓝、绿等颜色则能使人有凉爽之感,容易使人安静。颜色及亮度的不同,会使人有轻重之感。比如同样是一张阅览桌,只是颜色一深一浅,浅色的使人感觉到比深色的似乎要轻一些。不同的颜色还会使人有软硬的感觉。一般地说,暖色、明亮者,给予人有柔且软的感觉,而冷色、灰暗色,给人沉而重的感觉。

从图书馆环境管理的角度看,图书馆建筑中门窗、阅览桌椅等设施的颜色的选择要尽可能符合"颜色"的科学。从人们对颜色的感觉而言,各种金属门窗,如果油漆成浅暖色调,能给人轻巧、开朗、新颖、洁净、愉快的感觉。此外,颜色的亮度不同和色调的冷暖之别,还让人有距离远近之感。小的阅览室和层高较矮的书库,内墙、柱子、天花板等往往采用白色、淡黄色等浅色调,使人感到空间似乎大了一些,减少"压抑""深沉"等不良的心理反映。

从上述颜色的"学问"中可以看到,不同的颜色及亮度对人的心理影响是多方面的。如果我们能够正确地利用颜色的"色调""亮度"和"饱和度"之间的丰富变化,因地制宜,适当地配置不同的色彩,就可以为读者创造一个良好的空间环境,让读者以及馆员均能在一个优美、安静、整洁、舒适的环境中学习、研究和做好服务工作。

(三)绿化

绿化是提高图书馆环境质量的重要因素。它不仅是美化图书馆环境的需要,而且还是调节图书馆局部环境气候、净化空气、遮荫覆盖、防风防尘、降低噪音、创造财富的需要。要为重要的是:它有利于陶冶读者和馆员的情操,有利于读者的阅读活动和馆员的服务工作,甚至有利于读者和馆员的身心健康。为此,我们应该十分重视并做好图书馆的绿化工作。

图书馆环境的绿化一般包括室外和室内两个方面。室外的绿化工作属于园林艺术范畴,也是一门"学问"。它包括整体布局和美化,其中包括树种、树形和各种花卉、草坪,以及与之相匹配的假山、曲径、水池、游鱼、喷泉等园林景观的设计和烘托。室外绿化的好坏,对装饰图书馆建筑,保持内部安静等起着重要的作用。

室内绿化同样是一门装饰"学问",它对改善并提高图书馆的环境质量起着十分重要的作用。室内绿化根据室内环境的不同需要,可以采用不同的植物进行装饰。

在图书馆出入口处,光线比室外明显变暗,因此,可选择布置棕竹等耐荫植物,或暖色的、花色明度高的植物,这样会给人留下一种热烈欢迎的印象。

图书馆大厅中庭,往往是读者观赏品评图书馆建筑与文化、休憩购物、驻足交谈之处,是较为宽阔的共享空间,应注意协调审美艺术和使用功能。用于绿化装饰的花草、盆栽轮廓要自然,形态要多变,高低、疏密、曲直应各有不同。在花卉盆栽的选择上,可供选择的植物有万年青、海芋、一叶兰、吊兰、绿萝、龙血树、秋海棠、报春花、紫罗兰等。

图书馆走廊由于是室内交通、分隔与联络各个建筑空间的手段,人们在此停留的时间少,因此一般采用适当的盆栽或盆景加以点缀来营造一定的气氛,还可以"对景""邻景""借景"和"壁画"来装饰走廊空间,以此增添其功能的适应性。走廊的植物装饰,一般可以选择观花植物或观叶植物。在空间较宽阔的地方,可以配之以一些较大型的观赏植物,如橡皮树、龟背竹、龙血树、棕竹等,这样既可改善其单调的环境,又起到点缀和补白的作用。

藏借阅一体化的书库和阅览室是读者借阅文献的主要场所,馆藏书刊、书架、桌椅,以及墙上字画等文化装饰等共同组成了一个共享的空间,并且具有浓厚的文化韵味。因此,植物绿化装饰应以雅为主,雅中求静,着力突出清新明快的特点。选用的植物,应体态轻盈,文雅娴静,如观叶植物吊金钱、文竹、万年青、富贵竹等。观花植物宜选择偏冷色的梅、菊、水仙等,以利于形成静谧、安宁的气氛。

通过活体植物在图书馆内部环境的巧妙配置,室内绿化装饰与室内各种要素达到和谐统一,进而产生美学效应,给读者和馆员以美的享受,为发挥图书馆的作用创造了一种美好的环境。

五、图书馆的噪音控制

声音是影响图书馆环境质量的重要因素。声音是靠人的听觉感知的。由于声音的振动频率和振动周期的不同,人们对声音会有绝然不同的感受。一般地说,声音可以分为纯音、乐音和噪音三种。作为影响图书馆环境质量的因素,不同的声音对馆员和读者的心理会产生正面或负面的影响。作为图书馆环境管理的基本要求,应特别注意对噪音的控制。

专业监测部门的测试结果表明,人们在日常生活中交谈时,说话的声音频率约为40～80分贝。如果声音超过80分贝,就会影响人的情绪。如果长期生活、工作在100分贝以上的环境中,不仅会使人的情绪产生激烈波动,而且会带来严重的生理影响,如听力下降,甚至危及生命。因此,作为图书馆的服务环境,必须保持安静。"安静"的基本标准,按国际标准规定,在图书馆的阅览室等"肃静区"的声音不得超过42分贝,在图书馆的外借处等"活动区"的声音不得超过60分贝。如果超过上述标准,那就变成了噪音,就将影响读者工作人员的工作效果和读者的阅读效果。

为了更好地控制噪音,图书馆在环境管理的整体设计布局时,要十分注意将读者传统文献阅览区、音像资料视听区和读者活动区进行合理布局,尽可能做到"动静分离""互不干扰"。

第五节　读者工作统计

"读者工作统计"是分析研究读者、分析研究读者工作、提高图书馆服务水平的重要工作内容,是读者工作管理不可或缺的组成部分。

一、统计的作用

"读者工作统计"指的是用数字来反映读者服务工作的实际情况,以便对读者工作进行计量化管理。它是图书馆科学管理的重要组成部分。读者工作统计的作用,主要体现在下列四个方面:

(一)读者工作统计是认识图书馆读者工作规律的有力工具

实际上,统计工作的过程,就是调查研究的过程。统计是从事物的数量方面反映、说明和认识事物,它是用数字来说话的,如果没有数字,就不是统计。人们可以通过大量的综合统计数字与统计分析,去研究社会现象和自然现象,从而发现其发展变化的规律。读者工作统计也不例外。它通过读者工作活动中大量的统计数字及其统计分析,去认识读者工作活动的特点和规律。比如有关读者阅读兴趣、阅读倾向的基本规律的认识和判断,都是在广泛调查研究和充分进行统计分析的前提下才能完成的。

(二)读者工作统计是开展读者服务工作的客观依据

图书馆读者服务工作的开展,包括发展读者数量的确定,外借阅览工作任务的制定,读者服务工作人员的安排等,无一不和读者工作统计密切相关。读者工作作为图书馆工作的重要组成部分,它本身所反映的各种工作数据,更是图书馆科学管理决策所不可或缺的。因此,完全可以这么说:离开了读者工作统计,读者服务工作的计量和分析也就失去了依据。

(三)读者工作统计是图书馆读者工作科学管理的重要手段之一

从图书馆科学管理的实践经验看,统计的作用主要体现在两个方面:一是统计服务;二是统计监督。统计服务指的是读者工作统计要为图书馆读者服务工作管理决策服务,一切统计数据和统计分析,都要围绕读者工作管理的需要去做,而不可能是为统计而统计,孤立地进行读者工作统计。统计监督指的是读者工作统计要及时为读者服务工作的科学管理提供反馈信息,全面、准确地反映读者服务工作活动的最新情况,为管理者做出决策提供信息,从而及时、准确地解决读者服务工作中出现的问题。

(四)读者工作统计是图书馆学研究的重要方法之一

图书馆学研究的"定量分析",就是建立在图书馆统计基础上的一种方法。因此,要深入开展图书馆学研究,尤其是深入开展"读者学""读者工作"等方面的研究,就离不开读者工作统计。实际上,图书馆学研究中的"布拉德福定律""普赖斯指数"等都和读者工作统计密切相关。

二、统计的种类

(一)馆藏统计

"馆藏统计"指的是有关馆藏文献的数量、品种、质量、价格指标等方面数据的统计。一个完善的"馆藏统计"必须反映出文献的入藏数量、入藏时间、价格、文种、来源和入藏文献内容的分类等。它是衡量图书馆为读者提供藏书的数量和质量的重要指标。

(二)读者统计

"读者统计"指的是有关读者数量、成分、类型的比率,有关读者到馆数量以及各类型读者到馆数量之比率等。一个完善的"读者统计"必须反映出读者的构成及其数量、读者数量的动态、读者与馆藏文献的比例关系等。它是衡量图书馆读者队伍质量水平的重要指标。

(三)流通统计

"流通统计"指的是有关图书馆馆藏文献被读者利用情况的统计。主要包括一定时期内馆藏文献流通总数量、总册次,不同类型、不同内容文献流通数量及其比率等。一个完善的"流通统计"必须反映出读者借阅文献动向的数量指标和质量指标。它是衡量图书馆工作好坏的重要指标。

(四)读者的表扬、投诉统计

"读者的表扬、投诉统计"指的是读者用户对图书馆读者工作人员或图书馆服务工作的水平、质量和态度的肯定和否定等方面的统计。一般地说,这方面的统计包括读者的表扬,读者的批评或投诉,以及读者的建议等。众所周知,读者工作是检验图书馆工作水平、工作质量和工作态度的标尺,因此,这方面的统计和分析对于合理评价图书馆工作和提高读者工作人员的服务水平、质量和改善服务态度均有重要的参考意义。

(五)大众传播媒体对图书馆宣传报导的统计

"大众传播媒体对图书馆宣传报导的统计"指的是宣传媒体,诸如各类型报纸、杂志和内部发行的资料,以及广播电台、电视台、有线电视台等大众传播媒体对图书馆工作和图书馆工作人员的报道。大众传播媒体对图书馆宣传报导有正面的,也有反面的;有表扬的,也有批评的。作为一项统计工作,对所有的大众传播媒体有关图书馆的宣传报导内容都要努力搜集。大众传播媒体对图书馆宣传报导的统计数量,一方面反映了社会对图书馆工作的评价,另一方面也是图书馆形象好坏的反映。因此,注意搜集统计大众传播媒体对图书馆工作的宣传报道,对激励、鞭策图书馆人努力提高图书馆工作水平和质量十分重要。

(六)图书馆服务成果统计

"服务成果统计"指的是读者用户通过读者工作人员的服务和利用图书馆馆藏文献后所取得的成果数量的统计。比如读者用户通过利用图书馆完成了新的著作或论文,科研生产单位完成了科研课题或投产了新的产品等等。服务成果统计,对于加深了解馆藏文献的价值和作用,反映读者工作人员的服务水平和质量,以及借此提高图书馆的社会地位均有重要的辅助作用。

三、统计方法与步骤

读者工作的统计分析要求通过因果性的途径对统计资料进行分析研究,从而掌握引起数量变化的条件和原因,掌握由于数量变化带来的影响和效果。为了保证读者工作的统计分析更加准确且有效,一般采用下列统计分析方法。

(一)分类统计分析法

"分类统计分析法"指的是经过统计,在获得大量的资料和数据之后,根据统计分析的目的、要求进行分类,然后再对各类型统计资料和数据进行分析、比较,研究掌握它们之间的内在联系和规律。

(二)对比统计分析法

"对比统计分析法"是"分类统计分析法"的一种变通方法,也可以说是"比较分析法"。它是将两个以上的相互联系着的标准数值进行比较分析。通过比较分析,可以掌握读者工作不同领域服务工作的相互联系、相互制约的情况,从而更加及时地协调工作,提高读者服务工作的效率和工作的质量。

(三)动态分析法

"动态分析法"主要是用于研究读者工作的发展变化,以及这种发展变化的基本趋势。"动态分析法"是建立在定量基础上的一种统计分析方法。

读者工作统计分析的步骤,一般可以区分为下列三步:①确定统计分析的目的,弄清楚统计分析所要解决的问题,以及确定具体的统计项目等。②审查统计资料。统计分析是建立在大量的资料和数据之上的分析研究工作,没有大量的、典型的统计资料和数据,统计分析的结果就可能出现偏差,从而影响科学决策。因此,读者工作的统计分析一定要认真地做好"审查统计资料"的工作。③形成分析结果。也就是说,在具体审查统计资料和数据的基础上,经过认真地分析和综合,要提出具体的分析综合意见,以及改进工作的方法和措施。

四、统计分析和统计比率

(一)统计分析及其作用

读者工作"统计分析"指的是根据一定的要求对统计数字进行比较分析和综合研究,从而掌握图书馆读者工作的统计比率。

通过对读者工作统计比率的分析研究,我们可以进一步做好读者服务工作,提高图书馆的服务水平,更加充分地发挥图书馆的作用。从图书馆读者工作的实践看,读者工作统计比率的分析与利用,主要有下列几个方面的作用:

1.调研作用。通过分析统计比率,可以掌握读者的基本情况、读者的需求情况、读者的阅读倾向、读者的到馆数量等,客观上起到调查研究的作用。

2.导向作用。通过分析统计比率,可以掌握读者文献信息需求的重点和走向,使图书馆读者工作能根据读者需求调整工作方向、工作内容,客观上对读者工作起到导向的作用。

3.决策作用。通过分析统计比率,可以掌握读者的阅读规律和需求特点,使图书馆读者工作的领导在决策时有充分的决策依据,从而使决策科学化有了更大的把握。

4.监督作用。通过分析统计比率,可以了解读者工作的薄弱环节,可以检查读者工作人员工作的优劣,可以发现采购工作中存在的错漏之处,还可以发现图书馆各个工作环节中存在的问题等,在客观上起到监督作用。

(二)主要统计比率和计算方法

1.读者成分率。"读者成分率"是某种类型的读者占全馆读者总数量之比率。其计算方法是,用某种类型读者数量除以全馆读者总数量所得出的比值。

$$读者成分率 = \frac{某种类型读者数量}{全馆读者总数量} \times 100\%$$

2.文献流通率。"文献流通率"是读者在一年内所借阅的馆藏文献数量占全馆馆藏文献总数量的比率。其计算方法,是用全年馆藏文献借出数量除以馆藏文献总数量所得出的比值。

$$文献流通率 = \frac{全年馆藏借出数量}{馆藏文献总数量} \times 100\%$$

3.读者阅读率。"读者阅读率"是读者在一定时期内人均所借阅藏书册次之比率。其计算方法是用全年藏书借出总册次除以全馆读者借书人数所得出的比值。

$$读者阅读率 = \frac{全年藏书借出总册次}{全馆读者借书总人数} \times 100\%$$

4.读者拒借率。"读者拒借率"是读者在一定时期内未能借阅到的文献占读者全部合理借阅需求总数量之比率。其计算方法,是读者未能借阅到的文献数量除以读者全部合理借阅需求的总数量所得出的比值。

$$读者拒借率 = \frac{读者未能借阅到的文献数量}{读者全部合理借阅需求总数量} \times 100\%$$

5.读者满足率。"读者满足率"是在一定时期内读者已借阅到文献的数量占读者全部合理借阅需求文献总数量之比率。其计算方法是,用读者,已借阅到的文献数量除以读者全部合理借阅需求文献的总数量所得出的比值。

$$读者满足率 = \frac{读者借阅到的文献数量}{读者全部合理借阅需求文献总数量} \times 100\%$$

6.读者到馆率。"读者到馆率"是在一定时期内读者到馆的数量占全馆读者总数量之比率。其计算方法是,用读者到馆数量除以读者总数量的比值。

$$读者到馆率 = \frac{读者到馆数量}{读者总数量} \times 100\%$$

7.馆藏保障率。"馆藏保障率"是馆藏文献总数量与全馆读者总数量之比率。其计算方法是,用馆藏文献总数量除以全馆读者总数量所得出的比值。

$$馆藏保障率 = \frac{馆藏文献总数量}{全馆读者总数量} \times 100\%$$

上述七种统计比率是图书馆读者工作统计中经常运用的统计比率。作为读者工作者要认真理解个中含义和具体的计算方法,并在读者工作研究中灵活运用。

第六节　读者工作中的"体语"艺术

图书馆是社会性十分鲜明的工作系统,在读者服务工作过程中,时时刻刻都在运用着口头语言、书面语言和人体语言去进行人际交流与情感沟通。从图书馆读者工作的实践看,人们比较注意口头语言和书面语言的运用和规范,其实际的效果也比较明显,所取得的成绩是有目共睹的。然而,人们对读者工作中人体语言的运用和规范则重视不够,存在的问题也相对突出。本节重点阐述的是读者工作中人体语言的运用和规范问题。

一、人体语言的含义

人体语言(以下简称"体语")是借助非有声语言来传递信息、表达感情,实现社会信息交流的一种重要工具。它是通过人们自身的仪表、姿态、神情、动作等输出信息,并作用于信息接受者的视觉感官,再通过信息接受者的视觉神经作用于大脑,从而引起积极反映,实现信息发送者目的的一种语言表达方式。因人们视觉的差异,也有人把"体语"称之为视觉语言、副语言、行为语言、体态语言、肉体语言以及伴随语言等。

心理学家研究指出,人际交流与沟通有70%是无言无声的。对方的走路、站立、歪头、举手投足等以身体动作和情态表示信息意义的"体语",其包含的意义比口头语言更广泛、更含蓄、更准确。许多时候，一些"一言难尽"的思想信息，往往可以由一组简单的动作、表情巧妙地表达清楚。这就是人们常说的"此时无声胜有声""一切尽在不言中"的意境。在某些方面，"体语"较之其他的交流、沟通工具具有更重要的意义。

"体语"尽管不能与口头语言和书面语言等量齐观，但它却以其独特的功能显示了旺盛的生命力，成为人类基本的交际工具之一。在人际交往中，人体是一个信息发射源。人体即使处于静止和无声状态，身体也可以用不同的方式"说话"。我们通过人的总体的表情、体势、标志、服饰以及活动空间等大体上的印象，即可基本上认定一个人的仪表、风度、气质，乃至其身份、地位、年龄、修养、职业以及性格、某些习惯和代表一个人"个性"的信息。这就是"体语"作为人们表情达意的工具所反映出的基本功能。

"体语"作为人们进行思想交流的一种工具，不但形象、生动、直观、感受性强，而且还具有微妙的隐喻性和多通道性，典型的文化个性和功利性，特殊的感染力和吸引力等方面的特征，从而成为人们用于表情达意的一种应用最广泛、最自觉的表达方式。"体语"如同人体审美观和人体雕塑一样，都从属于人体文化，隐含着人体文化的观念性层面，是文化观念的再现，是人类精神境界的折射。近年来，人们对"体语"的研究日趋广泛而深入，并已将其发展成为一门新兴学科——人体语言学。

而今，"体语"艺术作为一门学科，已成为图书馆读者工作不可或缺的组成部分。在宏观上，"体语"无时不在地反映着图书馆与社会的联系；在微观上，"体语"无时不在地反映着馆员与读者之间的人际关系。

二、"体语"是读者工作的需要

读者工作以传播知识、交流信息，施教于人为宗旨，与社会和读者建立了颇为广泛的联系。在这种广泛且相互依存的联系过程中，无论是信息的传递与智力的开发，还是情感的沟通与心理的交融，大多数馆员已经自觉或不自觉地运用着"体语"，利用综合素质（人与境)来表现自身(情与意),以求影响、感染、启迪读者。"体语"已日趋成为读者工作不可分割的组成部分,并在读者工作中起着愈来愈重要的作用。

(一)"体语"是展现馆员素质的需要

图书馆是人类文明的窗口。馆员的行为举止、情态、仪容等外在的"体语"形象,在某种意义上说,则是图书馆形象的化身。

在读者工作中,馆员的"形象"不但展示着自己的文化修养、道德水准和精神风貌,而且也具体反映着图书馆的文明程度。从服务于社会、服务于读者的角度看,馆员的理想形象是以广博的学识、高尚的品格和卓越的才能为依据的;文明、潇洒、热情、诚恳和有修养是馆员完美形象的重要标志。

馆员的形象如何,往往与他留给人们的第一印象有十分密切的关系。人们在首次接触中,常常首先观察对方的谈吐、仪容、体势,以及其他一切可以观察到的外表,并据此做出判断和评价,形成深刻的首次印象。这在心理学上称之为"首因效应"。例如,当馆员对到馆的读者笑脸相迎,把读者引入阅览室或外借处时,作为读者会立即产生"他(她)的服务肯定不错"的印象。带着这种印象,读者再去仔细观察他(她)以后的一举一动,将发现他(她)的服务正如读者所估计的那样"尽善尽美"。反之,假如馆员对读者铁板着脸,直挺挺地站在门口,似乎读者欠下了他(她)什么"债",这时读者会立即产生"他(她)的服务肯定差劲"的感觉。尔后的观察结果,又将证实读者的估计。上述两种现象,就是人们常说的"先入为主"的第一印象所产生的"晕轮效应"。所谓"晕轮效应"也叫"光圈效应",即通常所说的"以点概面""以偏概全"的思维定势所带来的一种判断结果。由此可见,由"体语"所形成的第一印象对展现馆员形象的重要影响。

馆员的形象,实际上是通过"体语"等展现于读者的各种心理品质的总和。在读者心目中,馆员的一个眼神、一个动作、一个姿态、一个标志等等,无不带着自己的个性、气质、追求,以及一时的情绪与生命状态。"体语"时刻展现着馆员的精神风貌、道德修养、文化素质以及业务能力等具有明显个性的形象。

(二)"体语"是创造优雅服务环境的需要

人的精神和心理,不仅受感知、认识的作用,同时还受视、听、嗅、触觉等的影响。人的感知能力不是先天具有的,而是在后天实践中练就的。

图书馆的外景与内境的设计,从诸多方面构成了读者心目中的图书馆形象,读者在图书馆的心理觉悟将对其阅览、研究行为及社会活动的参与意识产生重要的影响。

"馆容馆貌"除赋予它自身特有的文化风采外,还需多维思索,精心创造一个幽雅温馨、清爽自然、舒适惬意的良好氛围,使读者置身其中便能轻松、愉悦、高效地摄取知识、储备知识、创造知识;此外,还需运用综合的文化手段展现时代的风韵,激发读者的奋发精神,在拼搏探求中,自我实现,自我升华。

以动态的栩栩如生的雕塑展示时代的风采,可感召人们蓬勃向上;以气势宏伟、风光绮丽、笔墨酣畅的字画展示神州雄姿,可激发读者的爱国之情和民族自豪感;以先哲名言寓意真理,可催人奋发;以明快的旋律宣泄气氛,可陶冶情怀。色彩的艺术构思,灯光的智慧装点,陈设的巧妙布局,处处都显示着"体语"的气息,从而为读者创造一个优雅的学习研究环境。

(三)"体语"是研究读者的需要

读者作为图书馆的服务对象,来自社会各方,是读者工作中最活跃的、变化中的因素。鉴于"体语"具有文化个性这一显著的特征,因此,我们往往可以从读者的仪容特征、穿着打扮和行为举止、情态、体势等具体的"体语"中,解读他们是图书馆的新读者,还是老读者,以及他们的职业特点、文化程度、专业特长和个性特征等诸多方面。

在读者利用图书馆的过程中,读者对馆员提供的文献信息是否感兴趣,我们只要稍注意观察,就可以从读者的眼神、情态、体势,以及空间语的区域大小的变化中深深体会到。如果读者全神贯注于其中，那已充分说明，馆员提供的文献信息已经与读者需求融为一体了。

读者对馆员的服务工作是否满意，同样可以从读者的第一反应——"眼语"和相应的动作表情中解读。读者是点头，还是摇头？是以微笑相报，还是满脸愠色？这一切都会帮你做出准确的结论。

总而言之，我们通过读者利用图书馆过程中所流露出的情态语、体势语和空间语等微妙的"体语"变化，可以解读读者的阅读心理、阅读需求和对图书馆读者服务工作的满意程度。

三、读者工作中的"体语"艺术

读者工作的实践告诉我们，"体语"作为读者工作的需要，馆员运用"体语"的水平如何，不但直接影响到"体语"功能的充分发挥，而且影响到馆员的形象和读者工作的效益。由此可见提高读者工作中"体语"艺术的必要性。我们应该如何理解和掌握读者工作中的"体语"艺术呢？具体实践告诉我们，读者工作中的"体语"应用和其他任何行业的"体语"应用一样，是有许多自身要求和规定性的。其中最主要的有下列几点。

（一）准确

准确是读者工作中"体语"艺术的生命。馆员在运用"体语"时，要有严谨的科学态度，力求准确无误。所谓准确，指的是"体语"的具体表达方式要准确；要符合人们的社会习惯；要符合不同层次人们的认识程度。这样，将比较容易被读者接受，并留下良好的印象和取得理想的服务效果。

（二）适度

适度是"体语"艺术重要的构成因素，它是对"体语"运用中的量的要求。诚然，"体语"在读者工作中具有重要的作用并占有一定的地位，但它并不是决定一切的。在许多时候，"体语"只是起着辅助的作用。如果不分条件、地点滥用，就可能适得其反；如果在"体语"

运用时喧宾夺主、牵强附会、装腔作势,不但说明馆员的表现是不成熟的,而且将给读者留下非常槽糕的第一印象。

(三)自然流畅

常言道:言为心声。运用"体语"应该发自内心,真诚自然。应该从内心往外表现,从内心往外流露。这样,才能给人一种真诚、贴切、新颖的感受;反之,生硬、别扭将成为"体语"运用者和接受者双方的共同负担,其结果也不可能是完美的。

(四)综合运用

实践证明,综合运用"体语"的各种形式,能起到各自单独运用所表达不到的效果。综合运用"体语",可以较充分地展示馆员的文化素养、精神风貌、心理素质和业务能力等方面的职业形象。一般地说,综合运用的"体语"艺术指的是掌握并适度运用"情态语艺术""体势语艺术""触摸语艺术""标志语艺术"和"空间语艺术"等"体语"中的核心语言艺术。

1.情态语艺术。情态是展示人们感情、欲望、希望等一切活动的展示器。每个人的脸上好比挂着一幅反映自己生理和心理的"广告"那样,它随时将人的身心状态刻画得既清晰又形象。

作为情态语主体的"眼语"就更加独具魅力了。无论是读者工作中的哪个环节,馆员与读者的接触,都首先表现在目光的接触上。要注意的是,在运用"眼语"时,直视或长久的注视,都会给读者心理上带来不安或产生不礼貌的错觉。在运用"眼语"时,对读者既不能视而不见,让人感到受轻视,也不要低头垂眼,让人感到怯懦或缺乏自信。对读者的凝视行为,较为理想的是采用公务凝视——看对方脸部以双眼为底线,上顶角到前额的三角部位。这样,可使对方感到你严肃认真,富有诚意。

特别要注意的是不要滥用社会凝视——看对方的眼和嘴之间,或亲密凝视——看对方的眼和胸部之间。那样,将产生许多误解或让对方感到窘迫。由此可见,以人的心灵的窗户——"眼语"为主体的情态语在读者工作中运用的重要性。

2.体势语艺术。我们将"体势语"具体的同脸部器官所表达的情态语区别开来,专指人体的手、足、肩、腰、腿等躯肢动作姿势所表达和感知的特定的含义。

"手势"一般分"指示性手势"和"达情性手势"。在读者工作中,馆员可用"指示性手势"引导、指引、告之读者或向读者表示"请进""稍后"等服务性"体语";在适宜的场合,对特定的读者,也可用"达情性手势"互致关怀与问候。应注意的是在运用"体势语"时,要避免对读者指手划脚、手舞足蹈等不文明的手势。

"谈话姿势"。馆员在与读者谈话时,可适当地做些手势。但动作不宜过大,并要与读者保持适当的距离,并注意自己的神态,绝不要东张西望,坐立不安,露出不耐烦的神情。

"步势"标志人的精神状态。在读者工作中,应要求馆员十分注意调整自己的心态,使走路姿势自然大方,步履轻盈平稳,将优雅端庄的姿态展现给读者。

"坐势"可显露人的个性。在读者工作中,要求馆员入座应轻而稳,坐下时应双腿并拢平放地端坐。对半躺半坐,架翘二郎腿等不雅的坐相,应自觉地限制与避免。

"站立姿势"最能表现一个人的姿势特征。馆员在站立工作时,要求身体要正直。反之,驼背、哈腰、身体歪斜、晃动、倚靠等,都是不适宜的,应予以避免。

3."触摸语"艺术。"触摸语"作为传情达意的一种重要手段,具有特殊的艺术魅力。它从多维的角度,并以隐喻的特性,向对方传达许多不便言传的信息,从而实现思想信息的交流。例如人们在近体交际中的拉手、挽手和爱抚,以及当一个人在心情紧张或感到为难时表现出来的各种下意识的动作,诸如搓手、揉眼、玩弄手指等,都会在不同的情境中表达出特定的信息内容。

在读者工作中,每一个馆员都应十分注意运用"人际触摸语"和"自我触摸语",以完善自己的形象。比如,在馆员迎送读者时,不但要面带微笑,而且要热情地与每一个读者握手,用于表示欢迎或送别。在握手时,要做到态度自然大方,用力适中。当与上级、长辈、女士握手时,一般要等他们伸手后,自己才能伸手相握。握手作为一项重要的礼仪性"触摸语",必须伸出右手,绝不能伸出左手与人相握,也不能带着手套与人握手。馆员与读者握手,应力求让读者体会到馆员的热情友好、亲切温暖。

馆员在接待读者时,还要十分注意"自我触摸语"的展现,也就是说,必须站有站相,坐有坐相。绝对不要当着读者的面与自己的伙伴搭肩搂腰、挽手;更不要在与读者交谈时,抓耳挠腮,搔头揉眼,或用手挖耳朵、鼻孔,玩弄手指,或将双手搂在头后等。因为这些不同的"自我触摸语"将向读者传达馆员形象素质的信息:在读者心目中,这些都是馆员不文明、不礼貌、不成熟的表现。

4."空间语"艺术。在社会生活中,人们利用空间来表达某种信息,这在"体语"系统中,称之为"空间语"。为沟通思想,交流信息,懂得"空间语"是十分重要的。缺乏此方面的知识,势必会引起误解和争执。如在阅览室内,当你发现某个座位上放着一块手帕或一本书时,就会自动去寻找新的座位。因为那个座位上的东西无声地暗示出已有人占用了。如你视而不见,硬去"强占",定会引起物主的反感或恼怒。

"空间语"的使用与人的某种本领有直接的关系,即将自己的存在告知他人以及感受到他人存在之远近的本领。美国学者爱德华·霍尔精心研究后发现,有4个空间区域的存在,即亲密区(15cm~46cm)、个人区(46cm~1.2m)、社交区(1.2m~3.6m)、公共区(3.6m以上)。

我们若留心观察,便可以由此判断出在出纳台前的读者心理与需求,并从读者与书刊架或目录柜间的距离,解读该如何准确地为读者提供服务与帮助。如读者与书刊架或目录柜相距15cm~46cm时,表明密切关注,急欲求之,此时应及时、迅速、准确地为读者提供适宜的服务,以解其"燃眉之急";如相距46cm~1.2m,说明读者是在思考定夺之中,此时应视具体的情况给予相应的引导、推荐,帮助其获得切实需要的文献与信息；如相距 1.2m ~ 3.6m，读者这时只是偶然相视或无明确的需求，此时应积极倡导，引发其利用图书馆馆藏文献的兴趣，进而使其获得意想不到的收获。

在外借台口或阅览室工作的馆员，在接待读者时，应注意把自己和读者置于社交区域内。也就是说，要适度：既不要使人感到拒人千里之外，又不要让人觉得你自作多情。"空间语"有"情空间"与"知空间"之分。"情空间"——横向空间，这种情势使用于感情沟通与交流，容易让人产生亲切感。相反，"知空间"——纵向空间，这种情势使人头脑清醒且精神集中。

在读者工作中，阅览桌椅的摆放，按照空间的区域，可按"情"与"知"的空间分设若干小区、专室、专桌等。此外，如将桌椅按同一朝向摆放，呈梳齿样排列，馆员工作台则置于最后的纵向排列间，这样既符合读者对空间的支配需要，又便于管理、监督，纠正违章；如将桌椅座位相对，则便于读者保持清醒的头脑，精力集中；如在临窗前置放桌椅，既可获取较好的采光，又能构建一个相对独立的小空间，形成"完全"由读者支配的特种"阅览室"或桌、椅、柜等。这样做，不但可以为重点读者提供便利，而且也在一定的范围内提高了服务工作的艺术水平。

(五)"标志语"艺术

"标志语"是指一个人在环境设计、物体选用、服饰配戴等方面，借助物体所传递的具有一定意义的信号。在人际交往中，特别是初次接触与会面，一个人或某种情境给他人的印象、感受如何，在一定程度上取决于非言语的行为语言，而"标志语"是一种感染力很强的信息传播媒介。

由于"标志语"对一个人的第一印象具有明显的"首因效应"，所以，每一个馆员都要格外讲求服饰艺术。在着装时，要着眼于职业需要，应整洁、俭朴、得体、文雅，与环境、季节、年龄、身份统一和谐，避免不整洁、不得体的服饰。

在读者工作场所，为了激发读者的看书学习热情，应以能产生

"感召与凝聚""激动与亢奋"的、蓬勃向上的、富有思想性、科学性的内容进行艺术构思和装饰,赋予它们以生命和激情,应当让名言警句、雕塑、景观、色彩、"背景音乐"等文雅的"艺术说教者"大显身手,从而显示图书馆高雅的品位和清新的格调,以便为广大读者所享用。

四、提高"体语"艺术的途径

读者工作的实践告诉我们,"体语"对展现馆员的良好形象,研究读者和创造优雅服务环境等方面的意义都是十分重要的。不言而喻,提高读者工作中的"体语"艺术是读者工作的需要。无论是哪种类型的图书馆,无论图书馆的规模是大是小,都应当在读者工作中积极倡导"体语"、宣传"体语"、运用"体语",努力提高读者工作中的"体语"艺术。然而,从读者工作的现实情况看,尽管已有一些图书馆对读者工作中的"体语"运用提出了要求,制定了规范,进行了一定程度的摸索试验,并取得了一定的成绩,但从整体上评价,读者工作中"体语"的艺术水平仍然是比较低的。未能尽如人意之处,可以说是俯拾即是。

其不良的效果也是可想而知的:一方面是不同程度地损害了馆员的形象;另一方面是在客观上影响了读者工作水平的提高。这种状况的存在,究其原因当然是多方面的。择其要者,可以归纳为三个方面:一是许多图书馆的领导对"体语"在读者工作中的运用还缺乏足够的认识。因此,"体语"在读者工作中的运用尚处于不自觉的自流状态。二是许多从事读者工作的馆员,尚缺乏"体语"的知识。因此,从自己身上流露的"体语"多数是下意识的,往往不符合读者工作的基本要求。三是从图书馆学研究的角度看,尽管已有一些论著涉及了图书馆人的"体语"艺术问题,但在真正意义上说,还处于起步阶段,理论的先导作用尚未形成。这一切都说明,读者工作中的"体语"艺术的提高是图书馆面临的一项十分重要的课题。

提高读者工作中的"体语"艺术十分重要,但要有一个过程。在提高读者工作中与"体语"艺术的过程中,一方面图书馆的各级领导要高度重视,并采取相应的措施抓到实处,抓出效果;另一方面,也是尤其重要的方面,就是要从实际出发,充分认识到提高"体语"艺术的困难程度。也就是说,这不是一朝一夕即能一蹴而就的事情。基于此,我们完全可以着眼于现实,放眼于未来,通过各种手段,把我们已取得的成绩,发展成为人们普遍乐于接受的东西,蔚然成风,然后在此基础上再图创新,从而得到更理想的效果。

为了更加有效的提高读者工作中的"体语"艺术,可以重点做好下列三项工作:

(一)加强"体语"教育

读者工作中的"体语"艺术的提高,无论是从理论上讲,还是从实践上看,都应从根本上抓起。也就是说,应从图书馆教育抓起。这里有两方面的工作应认真去做:一是从长远的观点看,应把"人体语言学"在读者工作中的应用列入图书馆学专业教育的范畴之内,作为必修课程或选修课程,使在校学生在进入图书馆工作岗位之前,就能全面掌握读者工作中"体语"艺术的理论、知识和方法;二是从现实的需要出发,为现岗工作人员举办读者工作中的"体语"艺术的讲座,帮助馆员了解、掌握"体语"的含义、作用、特点和具体运用"体语"的艺术。

这样做,对于尽快提高馆员的"体语"意识,提高馆员驾驭"体语"的能力,美化自己的形象,创造一个融洽的人际交流气氛和优雅的服务环境都是十分有益的。

(二)制订"体语"规范

当前,"体语"对于许多馆员而言还是陌生的。为了推行读者工作中的"体语"艺术,制订行之有效的"体语"规范是十分必要的。作为规范,要明确规定馆员在"体语"的实际运用中提倡什么,反对什么,约束什么;应该做什么,不适于做什么。通过制订规范,使每一个馆员的行为举止、动作表情和穿着打扮等都有明确的要求及标准。使其懂得如何在不同的场合运用"体语"去获得预期的工作效果。可以预见,只要严格按照"规范"的要求去做,不用太长的时间,每位馆员将会对"体语"运用自如。

(三)开展"体语"评估

为了尽快提高读者工作中的"体语"水平,除制订和实施"规范"外,还应该有计划、有组织地开展"体语"艺术的竞赛和评估,为确实提高"体语"艺、术创造一个良好的社会环境和气氛。在具体工作中,我们可以通过制订开展实施"规范"的评比竞赛的有关办法,开展自我评价和读者评价,运用口头评价和书面评价等办法,对个人和集体运用"体语"的状况进行全面的评估。然后即可在此基础上评选出运用"体语"优秀的先进个人或集体,并对他们进行表彰,给予精神上的激励和物质上的奖励。

与此同时,更重要的是要创造条件,让先进个人或集体向大家介绍运用"体语"的经验和体会,以便不断推动群众性的学习"体语"、宣传"体语"和运用"体语"的热潮。随着"体语"运用在图书馆的不断普及、不断深入,我们还可以将"体语"的"规范"和运用列入读者工作人员业务考核的范围,并在进行图书馆的全面评估时,确定为读者工作中的业务评估内容之一。这样做,将使"体语"在图书馆的运用得到制度上的保证,并为切实提高读者工作中的"体语"艺术打下良好的基础。

综上所述,"体语"作为人际交流的一种重要工具,具有自己的独特功能和特征。它是图书馆读者工作的需要。"体语"在展现馆员素质、创造优雅服务环境和研究读者等方面均具有重要的现实意义。我们相信,提高读者工作中的"体语"艺术,在图书馆的各项活动中提倡"体语"、宣传"体语"、运用"体语",逐步把提高"体语"艺术的要求变成为每一位馆员的自觉行动,必将推动读者工作跨上一个新的台阶,进而促进图书馆事业的发展,并为两个"文明建设"做出更大的贡献!

第七章 读者工作者的自身建设

第一节 读者工作者自身建设的意义与作用

信息革命的浪潮伴随着新世纪的到来席卷全球,作为与信息资源息息相关的图书馆,必须增加新的职能和手段以适应信息时代的变革。作为图书馆各项工作中最活跃的、起决定因素的图书馆员,必须及时补充、更新、提高自身的知识水平和技能,以适应日新月异的图书馆事业发展的需要,成为21世纪图书馆的复合型人才。

一、图书馆面临的环境发生了变化

(一)信息技术对图书馆的外部环境影响

随着信息爆炸而带来的文献量的剧增,使全球所有的图书馆都不堪重负。现代信息技术是影响图书馆发展的最重要的因素,它以高密度的信息储存技术、高速度的信息传递技术,以及高效率、高质量的信息查询技术,改变了人们生产、收集、组织、传递和使用信息的流通方式。在我国,许多图书馆由于人力、物力、财力等多方面的原因,技术设备相当落后,与实现图书馆的自动化、网络化还存在相当大的距离。在人们获取信息知识的渠道和手段都有了极大扩展的情况下,图书馆面临着巨大的风险和竞争,传统图书馆的读者群被其他信息组织瓜分,而且又不能吸引潜在读者的光顾。这是信息技术对传统图书馆的挑战。

(二)传统图书馆内部环境面临的问题

高新技术的发展和多媒体的广泛应用,使图书馆从采访到流通一系列手工作业逐渐被电脑操作所代替,并且会将全方位实现自动化。多年来,纸质为主的印刷型信息源统治着图书馆的天下。如今,图书馆还大量引进了新型载体,例如磁盘、光盘、录像、电子出版物以及加入信息高速公路,这些信息媒体不仅表现了科技进步,而且其功能是纸质文献所不能比拟的。图书馆的服务内容正在进一步拓宽,图书馆的工作除了对馆藏资源进行开发利用外,还必须对网上资源进行开发、管理和利用。图书馆为读者服务的重点将从"物的传递"转变为"知识的传递"和"信息的传递",从提供原始文本信息服务向"信息咨询服务"转移,从服务的数量转向服务的质量,从被动服务转向主动服务。

但是,传统图书馆的运行机制是在计划经济体制下建立起来的,它的基本体制数十年来一直没有大的变化,从它的经费来源、用人模式、服务方式、技术手段乃至思维方式、为用户提供服务的质量等都存在明显的弊端。如果说在已往的年代还差强人意的话,那么在新的以知识为基础的时代将显得明显的落伍和不适应。图书馆界普遍存在的经费短缺、设备简陋、工作人员待遇低、素质差、队伍不稳、文献资源增长缓慢的现状,短期内也不会改变。近年来,各类图书馆读者人次和借阅册次逐年滑坡,藏书利用率仅25%左右。由于经费不足和一些不健康的思想一时泛滥,也导致了图书馆队伍不稳,致使图书馆工作蒙受损失,人才流失情况极为严重。

二、我国图书馆员的现状

改革开放以来,我国图书馆员在整体上有了较大的改观,但也还存在一些不尽人意和不容忽视的问题,主要表现在如下几个方面。

(一)思想观念的局限性

相当一部分图书馆员的观念仍然停留在简单的认识上,感觉自己是一个学术服务机构,与市场毫不相干。因此,图书馆的工作者不是依据市场所反映的社会需要来组织其形成的文献信息成果,不实现交换,或者被束之高阁,或者被无偿使用,失去了应有的活力。

(二)人员结构

图书馆大部分工作人员仅具备了图书馆专业知识,不能深入到文献的具体内容中去,成为专业文献信息与专业读者之间的纽带,很难为读者提供广、快、精、准的高质量信息服务。

(三)外语、计算机能力

由于历史原因,相当一部分图书馆工作人员外语基础差,计算机水平偏低,"机盲""网盲"占有相当大的比例,这无形中影响了图书馆的发展,影响了对读者的服务质量。

总而言之,在图书馆工作人员中,高素质专业人才缺乏,绝大多数馆员仍处于单一操作型状态,他们竞争意识不强,效益观念淡薄,业务能力较弱,管理水平较低,对知识经济条件下图书馆业务建设中将出现的新问题、新情况辨别能力差,应变能力弱。如此情形的图书馆专业队伍,很难适应现代社会技术高度发展的需求。因此,我们必须加大力度进行图书馆员的自身建设,重视继续教育,才能适应社会发展的需要。

三、图书馆员的自身建设存在的问题

(一)发展不够平衡

20世纪80年代以来,在图书馆界全国性、地区性和系统性的图书馆工作人员学习班举办了很多,但是它的发展情况并不平衡。在图书馆领域,高校系统图书馆继续教育情况开展得最好,其次为科研系统图书馆,公共系统图书馆稍差一些,非三大类图书馆排在最后。活动内容包括文献著录标准化、中外文期刊目录标准化、分类主题词表、微机应用、条形码图书馆管理系统技术、计算机互联网操作等培训班,图书馆科学管理、图书馆读者、文献检索与利用课教学等研讨班等。这些活动中除少数是中专和成人高校图书馆工作者之外,绝大多数属于普通高校图书馆人员,其他系统图书馆人员较少。可见,一般企事业单位图书馆员的继续教育,尚未引起足够的重视,发展不够平衡。

(二)质量有待提高

过去数十年来,教育机构和学术组织所承担的各种形式的进修班、学习班、培训班、研讨班,在管理和教学中大都十分重视质量和声誉,而且能为图书馆员着想,做到收费合理、学以致用,受到大家的欢迎。但是近几年来,办班越来越多,学费越收越高,授课越来越少,有的教学点本身没有硕士学位授予权,却办起了硕士课程进修班和研究生班;有的单位办函授班,面授辅导其实是在走过场。另一方面,有的学生学习目的不明确,学习态度不端正,进修学习似乎只是为了混张文凭,而不是学习知识,掌握技能,增强真本领。这样的结果,无疑会导致继续教育的质量下滑。

(三)领导重视程度不够

我国的图书馆继续教育事业,近几年来发展很快,但是至今也未曾形成制度化和法制化。这与图书情报法规制度不健全、统一的管理机构未形成有很大的关系,也与各级领导是否重视有直接的关系。一些领导没有意识到继续教育在图书情报工作中的战略地位,他们比较重视不具备大中专学历人员的在职培训,对受过高等教育的人员只考虑专业与岗位是否对口,而再教育问题尚未被列入议事日程。还有的领导担心继续教育占用工作时间会影响工作,所以不提倡进修。这是狭隘的小农经济意识在作怪,如果不改正,只会与知识经济时代的要求背道而驰。

人力的培养是一个人力资源的生产问题,目前我国图书馆专业人员的学历、职称结构已经发生了很大变化,高学历、高职称所占的比例越来越多。但是,专业人员的知识和能力却普遍不高。继续教育主要分三个方面:一是职业道德的继续教育,其目的是培养专业人员的敬业精神;二是知识教育,即所谓知识扩展和知识更新,其目的是提高专业人员的文化素质、科研能力;三是技术教育,其目的是增强专业人员获取、分析信息知识的能力,开发管理信息知识系统的能力,以及为读者服务的引导能力。过去我们谈到继续教育,往往强调知识、技术教育,而容易忽视职业道德的继续教育,这无疑是一种错误的倾向。现代化图书馆需要高质量的复合型人才,为取得图书馆事业的平衡发展,应该在现有资金不足的情况下,以有限的经费投入图书馆员的继续教育。

转型期图书馆服务工作,因信息环境和技术手段的变化,服务工作增加了许多新的内容和技术含量,新技术已经开始影响服务水平,决定服务质量的高低。因此,转型期服务人员的素质至关重要。网络环境下用户仍愿意使用图书馆,除了图书馆收藏大量文献信息外,主要是用户希望得到图书馆员的帮助和专业指导,得到知识信息管理、知识导航、知识分类的能力。转型期的图书馆对服务人员的要求是多方面的,不但要掌握传统服务的技能,还必须掌握现代服务技能。主要有三方面:一是信息素养,信息资源整理等能力。二是信息技术,除一般的文化知识和专业知识外,还必须掌握计算机、网络、通信、多媒体技术。三是树立服务意识,参与市场营销。

图书馆员的知识能力、业务技能、专业素养是图书馆服务工作中最核心因素。在选拔、配备服务工作方面要有计划、有步骤、有目标,只有科学合理地使用人才,才能确保服务工作质量的不断提高。

图书馆服务工作正向服务对象多元化、服务方式全面化、服务内容专业化方向发展,所以服务人员必须是多层次的。他们应具备要熟悉馆藏、掌握信息检索技巧,要有广博的专业知识,要熟练掌握计算机操作和网络应用,要有与用户沟通的技巧等基本能力。

四、读者工作者自身建设的作用

现代人力资源管理的精髓是开发人的主观能动性和创造性,注重人的思想、人的潜力和人的创造力。也就是说,要把人作为一种重要资源加以开发、使用和管理,使员工能积极主动、有创新地开展工作。人力资源管理工作重点体现在对员工的继续教育与激励方面,逐步由物质激励和制度调控手段转变为人性化的管理,考虑人的情感、自尊与价值,多激励、少惩罚;多表扬,少批评;多授权,少命令;发挥每个人的特长,体现每个人的价值,充分发挥学习型组织的优势。这是每个图书馆必须面对的管理变革。

市场经济越发展,人的社会化特征和人的个性化特征越突出。

个人与组织之间是建立在双向选择基础上的平等契约关系,要通过我们的工作,努力做到两个结合,人力资源的开发与图书馆的发展战略相结合,个人的成长进步与图书馆事业的发展相结合。要形成广纳群贤、人尽其才、能上能下、充满活力的用人机制,把优秀人才吸引到图书馆来,营造一个鼓励员工干事业、支持员工干事业的人才机制,要使更多的员工实现对自身能力的真正占有,提高员工的整体素质,更好地调动和聚集员工的智慧,使之化为推动图书馆工作和事业发展的巨大动力,使图书馆在发展经济、全面建设小康社会中发挥更大的作用。

第二节　读者工作者自身建设的内容

一、读者工作者应具备的基本能力

图书馆服务工作正向服务对象多元化、服务方式全面化、服务内容专业化方向发展,所以服务人员必须是多层次的,文献提供人员应是参考型、研究型的,一般服务人员则是技工型的。他们应具备如下基本能力。

第一个基本功,要熟悉馆藏掌握信息检索技巧。服务人员应有在图书馆多个环节工作的经历,了解文献和信息的采集、加工、流通、检索、典藏的规律。应有在不同服务环境中工作的经历,了解不同服务界面、不同层次用户的需求规律。

第二个基本功,要有广博的专业知识。信息需求的多样化,对图书馆服务人员提出较高的要求,要在服务中不断学习各种学科知识,掌握先进的检索技术手段与获得各类知识的技巧,成为真正的"信息导航员"。要特别注意在实践中积累,向用户学习。

第三个基本功,要熟练掌握计算机操作和网络应用。网络技术、通信技术、多媒体技术、计算机技术与信息工作的结合越来越紧密,各种技术的飞速发展,对图书馆员提出了新的要求,转型期的服务工作需要大量掌握新技术的服务工作人员。

第四个基本功,要有与用户沟通的技巧。图书馆服务工作已经辐射到社会的每一个角落,服务的受众面十分广泛,需要与各种各样的人打交道,学习和掌握与用户沟通的技巧十分重要。

二、读者工作者应具备的素质

素质,是指事物本身本来的性质和素养,包括质量和平日修养。素质是一个由品格、知识、技能,能力等组成的多要素、多层次的综合体。图书馆员是图书馆的基本细胞,馆员的素质问题关系到图书馆事业的兴旺发达。馆员素质好,工作效率就会高,社会效益也会大。所以,图书馆的生存与发展,从根本上依赖于图书馆员整体素质的提高。

(一)综合素质

在各种素质中,丰富宽厚的知识基础,全面扎实的基本技能,是专业素质和科技素质的基础。馆员不仅要有较强的获取知识、信息,掌握检索信息的能力,而且要有将各类知识信息进行新的组合,创造出新的方法、思路,提出新的设计、新的创意和模型的能力。

在科技素质中,馆员应成为一专多能的应用型人才。作为能帮助人们解决一些问题的馆中必须有一张"多用通行证",不仅需要在一至两个领域里具有专长,而且对其他领域也必须有所了解。即馆员的知识结构应迅速转变,由原来的"专才"单一型向"一专多能"的复合型转变,以适应知识经济时代发展的需要,成为多元知识型的人才。馆员的知识结构内容起码应包含如下几种。

一是掌握图书情报学专业理论知识和技术。图书情报专业是建立在图书馆学、信息情报学、分类学、目录学、计算机学等多学科理论基础之上的,馆员必须具备和精通这些学科的理论知识。这是对馆员胜任工作的基本要求。只有这样才能适应电子化图书馆的要求,独立进行文献信息的采集、加工、整序、保管、流通、提供信息并有效利用等业务工作。

二是熟悉与自己相关的其他专业学科领域的基本知识。在高度信息化的社会,图书馆为实现知识、信息的交流传播以及信息咨询的专题定向服务,向图书馆员提出了新的要求和挑战。如果图书馆员缺乏相关的专业领域知识,就难以协助科研人员进行情报调查分析、预测和专题文献检索。而且,随着交叉学科、边缘学科及新型学科的不断出现,要求馆员最好能掌握更广博的学科基本知识。

三是具备一定的外语知识。随着网络化的进一步扩大并与国际接轨,图书馆员向读者提供的信息不仅仅是中文,面对眼前的外文,如果不能阅读和理解,就等于失去了交流的能力。阅读外文资料是获得信息的基本途径,作为信息交流中介的图书馆员必须具备一定的外语知识,掌握一至两门外语并熟练编译报道文献资料,准确提供国际间的信息交流服务。

四是掌握计算机技术。进入了21世纪的图书馆,它的服务内容已经不仅仅局限于传统的图书借还或面对面地读者服务及咨询,而是利用新的技术设备为用户提供新的服务。计算机的操作应该成为图书馆工作人员必须掌握的基本技能之一,此外,还应该掌握机读目录、多媒体光盘、国际联机检索终端等现代检索工具,并对它们进行协调管理。

(二)人文素质

在知识经济时代,从事知识经济的人,首要的就是要学会做人,要有崇高的价值观念和人文精神来主宰知识经济的发展。良好的政治思想与职业道德素质,是馆员的灵魂和指导方向,图书馆员应以马列主义、毛泽东思想、邓小平理论为指导,忠诚于图书馆事业,热爱图书馆工作,具有敬业开拓、拼搏进取精神,读者至上、服务第一的工作态度,甘为人梯、无私奉献的高尚情操。

创造型馆员与科技素质和人文素质是交互作用、有机结合在一起参与创造性活动的。优良的品质、浓厚的兴趣、坚强的意志、强烈的成就欲望、高度的事业心和责任感往往可以起到不断开发智力潜能的作用,并且在相当程度上促进科技素质和业务水平的提高。另外,很强的人际协调能力可以帮助馆员获得有用的知识信息,可以使自身的能力在组织中得以更好地发挥。知识经济社会还需要馆员具有很强的耐心和坚韧的性格,因为激烈的社会竞争,会使人们遇到各种意想不到的困难和挫折,如果没有面对挫折的心理承受力,是难于在克服困难和挫折中取得成功的。

中国图书馆传统文化深厚,但现代化程度较低,图书馆事业基础薄弱。所以,作为一名图书馆工作人员,面对知识经济的到来,要承认落后,但不甘于落后,既不能好大喜功,又不要妄自菲薄,要立足于勤,持之以恒。要厚积薄发,在困境中求生存,在落后中求发展,努力塑造知识经济时代中国信息专家的新形象。在具体的工作中,就要有积极主动的服务态度和无私奉献的精神;要树立全心全意为读者服务,读者至上的服务思想,发扬甘为读者做人梯的精神,踏踏实实工作,干一行爱一行钻一行,为自己的职业奋斗终身。

(三)学习能力

科学技术正把我们带入一个全新的时代。人类知识的创造和积累都在加速发展,计算机的信息网络使得知识信息的传播手段发生了革命性的变化,知识老化周期加快,职业更替频繁,各种信息变幻莫测。一个馆员无论他所具备的知识多么"现代化",多么"新颖",但依旧会过时。所以,伴随着知识经济时代的到来,终身教育的兴起成为必然,学习是终身的事,将伴随人的一生,它要求人们必须掌握创新型的学习方法,要富有创新型思维。

馆员学习能力体现在:一是更新自己原有专业知识的能力;二是学习新知识的能力;三是综合各门学科的能力;四是开展科学研究的能力。馆员在加强图书情报管理、图书馆方法研究的同时,又要在自己所学学科的领域里有所建树,能开展广泛的学术研究,并取得相应的成就,这对培养馆员的自信心、确立成就感、稳定队伍显得十分必要。

三、读者工作者自身建设的内容

(一)思想道德、政治观念

读者工作者的政治思想修养,指的是读者工作者应具备的马克思主义的理论知识、政治理论水平和政治思想觉悟。作为读者工作者,有较为扎实的马克思主义理论基础,才能运用马克思主义的立场、观点、方法去观察事物、分析矛盾和处理问题,指导自己的工作实践。此外,还应具有全心全意为人民服务的精神和干劲。

(二)职业道德、事业心

在当前情况下,强调图书馆职业道德教育有着特殊的现实意义。在计划经济体制下,社会各行各业的经济收入区别不大,图书馆还是一个比较稳定、令人向往的职业。经济体制的改革,市场经济的浪潮,打破了图书馆员原有的心理平衡。由于物质条件、经济收入与一些行业相比反差太大,形形色色的价值观涌入了图书馆,使一些人对图书馆这个曾经令人神往的"知识殿堂"产生了怀疑和动摇,职业道德信念产生了危机。

在这种情况下,除了尽力改善物质条件外,还应使图书馆员树立正确而又合乎时代发展的价值观,进行图书馆职业道德教育。图书馆是人类知识的宝库,是丰富的智力资源,它所担负的多重职能是通过图书馆员的工作得以实现的,图书馆员的工作是一种知识性的服务工作,是一项崇高的职业。它高尚但清贫,伟大而无权势,其职业的价值是通过读者、用户获得和利用文献来体现的。因此,图书馆员必须有甘为人梯的无私奉献精神。应制定图书馆员职业道德规范,要求图书馆员:对工作,忠于职守、精益求精;对文献,要爱护、加工、开发利用;对读者,用户要满腔热忱、全心全意为读者用户服务;对同事,要严以律己、宽以待人、顾全大局;对兄弟单位要精诚合作、公平竞争。

(三)业务知识、常识

专业知识是图书馆员开展高层次信息服务的必备条件。只有掌握某一方面的专业知识,才能深入到文献的具体内容中,才能很好地开发文献信息和服务于相应专业读者,成为用户之间的中介和纽带,为读者用户提供广、快、精、准的高质量信息业务。因此,图书馆员除掌握图书馆的业务技能外,还应了解新兴学科的知识,改变自身知识结构单一的现状。在掌握某一专业知识的基础上,再兼顾第二、第三专业知识的学习,努力将自己培养成一专多能的复合型人才。图书馆业务知识包括多方面。

丰富、精深的图书馆专业知识和过硬的技能是新世纪图书馆员应具备的基本条件。随着学科的发展,图书馆学理论也不断发展,图书馆专业知识如图书分类法、图书编目规则等都在不断补充、更新。要根据图书馆员从事的岗位,加强专业知识培训,激励每个图书馆员刻苦学习,打好知识基础,不断探索、补充、更新知识,以满足读者日益增长的文化需求。

(四)文化知识

信息时代的社会读者文化层次的不断提高,知识覆盖面广,对图书馆服务的广度和深度提出了更高的要求,使得图书馆员必须有广博的知识储备,它包括哲学、数学、文学、心理学和公共关系学等多方面的知识,文化知识越广,工作越能得心应手。

(五)信息能力

人类社会步入信息化社会,信息日益成为社会发展的决定性力量和主导因素,信息需求将成为人类生存发展的一大基本需求。因此,培养良好的信息素质,具备精明的信息头脑,研究和了解信息的性质及作用是每个人所必需的。图书馆员作为信息服务工作者这一点显得尤为重要。信息素质可理解为在信息社会中个体成员所具有的各种信息品质,它包括信息智慧(涉及信息知识与技能)、信息道德、信息意识、信息觉悟、信息观念、信息潜能、信息心理等。信息素质教育有助于推动全社会的信息化进程。信息素质教育内容涉及面较广,应从以下几方面入手:一是信息意识教育。它包括信息主体意识、信息获取意识、信息传播意识、信息保密意识、信息守法意识、信息更新意识等,其中信息主体意识教育应是信息意识教育的一个重点。二是信息道德教育。其目的是促使大家遵循一定的信息伦理与道德准则来规范自身的信息行为与活动。在信息活动中,坚持公正、平等、真实的原则,尊重他人知识产权,正确处理信息创造、传播、使用三者之间的关系。三是信息观念教育。主要是指信息价值观念教育,树立"信息就是资源""信息就是财富""信息是商品""信息有偿"等基本的信息价值观。

(六)创新观念

江泽民同志指出:"创新是一个民族进步的灵魂,是国家兴旺发达的不竭动力,如果自主创新搞不上去,一味靠技术引进,就永远难以摆脱技术落后的局面,一个没有创新能力的民族,难以屹立于世界先进民族之林。"可见,一个国家和民族的创造水平如何,已成为决定其荣辱兴衰的重要因素。图书馆正面临着时代变革所带来的严峻挑战,图书馆要求生存、求发展就必须运用创造性思维,要把图书馆员培养成能够开创新局面、勤于思考、勇于创造、富有献身精神的创造型人才。

(七)计算机、外语能力

在和平与发展的总趋势下,世界性的经济腾飞、科技进步,使国际间的交流与协作日益频繁,各种语言文字的文献将大量产生,掌握一至两门外语已成为现代化图书馆员工作必需,尤其是大、中型图书馆要有计划地组织在岗人员学习外语。

随着"信息高速公路"的问世,全球实现信息资源共享网络化,图书馆实行馆藏多媒体化、信息数字化、管理手段计算机化。计算机的广泛使用,要求图书馆员必须在计算机的理论、操作、维修、软件研制开发等方面占有一定的知识量,必须扫"机盲",使计算机成为得心应手的工具。因此,图书馆员必须在继续教育中补上计算机知识和技能这一课。

第三节　读者工作者自身建设的方法

一、继续教育的对策

(一)思想上重视

图书馆员继续教育应当从图书馆发展的战略高度来认识。图书馆工作水平和社会地位的高低,取决于图书馆员思想和业务素质的高低,图书馆在未来社会中的竞争是人才的竞争,而人才的竞争则取决于图书馆在继续教育上付出的努力和代价。因此,开展继续教育,从中受益的不仅是图书馆员个人本身,它将对一个图书馆乃至整个图书馆事业产生不可估量的影响。我们必须大力宣传继续教育的重要性、紧迫性,树立危机感、生存意识和竞争意识,提高图书馆员对继续教育的认识,积极主动参加学习,接受继续教育。

各级领导也应充分认识到培养跨世纪图书人才的紧迫感和使命感,要具备新世纪要求的思想意识,有目的、有计划地安排工作人员进行继续教育。同时,各馆根据自己的实际情况,制定有关的规章制度,辅以一定的奖励手段,将每个工作人员接受继续教育的效果作为考核、晋升的依据之一。

(二)成立机构

有了立法和规章,还须健全执行机构,以保证继续教育法规的贯彻实施。目前,我国大多数图书馆尚未设立继续教育的专门机构,一般是由馆长办公室、馆人事部或辅导部等部门代管,且以兼职为主,继续教育被放在一个无关紧要的位置上,这种抓而不紧的做法,是搞不好继续教育的。应设一个专门的继续教育机构,配备专业管理人员。该机构负责继续教育的宣传、组织和管理工作;制订切实可行的人才培训的长远规划和短期计划,避免盲目性;负责组织师资、教材、教学安排、教学场地;根据接受继续教育对象的层次、方向确定学习的内容、模式;协调继续教育与日常工作之间的关系等。

目前我国图书情报系统还缺乏一种横向协调机制,表现在图书馆员继续教育上,则形成了各行其政的现象。因此,我们有必要吸取先进国家的经验,建立权威性的图书馆员继续教育协调机构,进行全国性的系统建设,加强横向合作,形成合理高效的继续教育体系。

(三)制定必要的法规制度

为保证继续教育有效稳步地进行,必须制定相应的法规制度。从国外的经验看,继续教育搞得好的国家都是由于立法保护的结果。美国国会于1976年通过了《终身教育法》,法国于1981年颁布了继续教育法规,澳大利亚政府规定图书馆员每周在工作时间内有5个小时的学习时间,日本在《图书馆事业基本法纲要》中规定:专业人员为了完成工作任务,必须经常钻研业务和进修提高。

在我国,国家科委科技干部局制定的《科学技术干部管理工作试行条例》中规定:"对于助理研究员、工程师、讲师以上的科学技术干部或相当于这一级的其他科技人员,一般每三年给予三个月的进修期。"可见,继续教育得到政府和社会越来越多的重视。但从长远的观点看,要保证图书馆员继续教育必须通过立法。草拟中的《图书馆法》应对图书馆员继续教育做专门详尽的规定,各图书馆应制定适合本馆的继续教育的政策来强化和规范图书馆员继续教育,并自觉地贯彻执行。

(四)建立继续教育考核评估体系

继续教育考核评估体系的建立,有利于保证继续教育的质量,促进继续教育事业的发展。要充分调动图书馆员的学习积极性,激发其学习的欲望和觉悟,必须引进激励机制,对继续教育进行考核评估。应设立图书馆员继续教育档案,除日常考评、考勤外,应记载参加继续教育学习的课程、学时、考核成绩,制定图书馆员继续教育总结考评办法,并把继续教育与图书馆员的评职晋级、奖励等联系起来,以学业成绩优劣给予不同的奖励。另外,要不断总结经验,注意收集继续教育效果的反馈信息,以便不断发现问题,改进工作,把继续教育工作引向深入。

(五)内容、方法不断改进

图书馆包含有不同层次的人员,不同层次的人员则应有不同的教育目标,不同的教育目标就有不同的教育内容和方法。因此,我们应根据图书馆工作的具体需要和专业技术人员的知识、能力结构的欠缺程度来确定教育内容,针对不同层次的需要,采取不同的教育方式,以便使每个人的才智潜能都能够得到充分的发挥。当前我国在职图书情报人员的继续教育,其教育内容可分为补缺型、更新型和拓展型等类型。

1.补缺型继续教育。图书情报学是一门应用型、工具性的学科,只有与其他科学技术紧密结合起来并应用于各专业领域,才能充分发挥其作用。在职的图书情报人员由于专业基础不同,补缺型的继续教育内容也不一样。其中,近年刚走向工作岗位的图书情报专业毕业生,虽然初步具备了图书情报专业知识、外语与计算机知识、信息商品经营及住处机构管理知识,但其缺点是缺乏非图书情报专业的专业知识。

2.更新型继续教育。随着信息社会的高速发展及网络环境的产生,出现了全新的信息交换方式,使人类的信息交流方式发生了根本性的变革。图书馆作为信息交流机构,面临服务理念、服务模式、服务手段多方面的新碰撞,遇到了前所未有的新问题和新矛盾。图书馆员必须随时更新自己的知识结构,才能适应社会的发展。

3.拓展型继续教育。未来的图书馆是多功能、电子化、网络化、让所有人充分共享人类精神财富的机构。未来数十年将是中国图书馆事业逐步走向繁荣的时期,图书馆人应放宽思路,紧跟时代的步伐,在发展传统图书馆事业的同时,拓展图书馆发展方向,使图书馆走多元化的发展道路。

二、继续教育的途径

继续教育是终身教育的一个组成部分,通过对已具有一定学历的在职人员的再教育,使受教育者能够提高原有学历或获得某种资格。20世纪80年代以来,随着国家经济和教育事业的发展,图书馆学业余教育、成人教育、继续教育事业有了很大的发展。其办学点已经从20世纪五六十年代的几家比较正规的教育机构和一些中心图书馆委员会,发展到目前有众多院系、图书馆学会、一些文化教育主管部门及某些大型图书馆等办学单位,基本上形成了全国性、地区性和系统性的继续教育网络。

继续教育是一种体系,它既包括学校教育,也包括社会教育;既包括在职教育,也包括职前教育;既包括非学历教育,也包括学历、学位教育。图书情报人员的继续教育,由于人员数量众多、工作岗位不同、需求不一样,因而办班类型多种多样。既有学历教育的函授班、电大班、业大班、专业证书班及研究生班,也有非学历教育的岗位培训班、干部进修班、高级研讨班等。各种类型的学习班、培训班是正规基础教育的有力补充,弥补了图书情报工作者所欠缺的图书情报知识和计算机等方面的知识。

(一)在职学习

在职学习指的是不脱离工作岗位的学习,如报考在职研究生、电大、自学考试等。这种学习方式需要的时间较长,是系统学习和提高某一门专业知识的途径。

(二)专题讲座

专题讲座是针对某一方面的问题,请专家为大家讲课,如文献编目、文献检索、数据库建设、网页制作等专题讲座。这种讲座可在一个馆内部举行,有计划地制定出一个系列,分成各个专题,一个专题由一人或多人主讲,大家都有机会做老师。这种方式,有利于形成自我学习进修的压力,可以在图书馆内训练出一批精通不同专题的"专家",也有利于图书馆发挥和使用人才,对于全体图书馆人员综合素质的提高将大有益处。

(三)参观访问

参观访问即组织人员有目的地到国内外参观访问,或组织安排交换馆员,到一些先进的或某些方面有特长的图书馆做短期工作和学习,开阔视野,吸取经验,充实提高。

(四)撰写学术论文、参加学术会议、举办知识竞赛

图书馆学是一门实践性很强的学科,非常需要理论与实践的结合,图书馆人员撰写学术论文,参加学术会议,举办知识竞赛,可以提高自己研究问题的能力,也有利于本学科的发展。

(五)岗位轮换制

图书馆的各项工作既是有区别又是互相联系的,定期进行岗位轮换,对馆员是一种激励,也是一个实践的机会,可以学习图书情报专业知识,系统掌握图书馆工作流程,提高服务质量,对于培养一专多能也是行之有效的。

三、应注意的问题

(一)目的性

继续教育的目的,是在于提高图书馆工作人员的整体素质,优化图书馆人员的知识结构,提高员工的创造力。图书馆员的继续教育要全面规划,根据图书馆工作的实际情况,制订出近期和远期的培训规划,使继续教育避免在培训工作中出现盲目性和随意性。注意处理好培养和使用的关系,培养是为了更好地使用,使用则必须注重培养,从实际出发,根据不同的对象,确定不同的培训内容和培训方式。在一段时间里,我国的图书馆专业大专院校和各类学会开办的函授学校、专业证书班、短期培训班,曾经在图书馆掀起过教育的热潮。但有的明显带有功利色彩,人们追求的是文凭、是学历。因此,我们应该摆正继续教育的目的,走出误区,这是搞好继续教育很重要的一个环节。

(二)针对性

继续教育要有针对性,讲求质量和效益,也就是教育内容要理

论联系实际,要跟上时代的步伐,增大相关技能技术的比例,做到学以致用。

(三)制定计划

在继续教育工作中,我们应该从本馆实际情况出发,制订相应的培训计划,根据本馆3～5年的发展目标,结合馆员现有的知识结构,制订出人员培训和继续教育方案,以使图书馆人员的继续教育有计划、有目的地进行,真正发挥出继续教育优化知识结构,提高整体素质,改进工作质量的作用。

第四节　未来图书馆展望:虚拟图书馆

一、虚拟图书馆:没有围墙的图书馆

1980年,在伦敦召开的 Aslib/IIS/LA 联合会议上,大英图书馆外借部计算机与数据通讯工作组负责人 A.J.Harley 率先提出了虚拟图书馆(virtual library)一词。《美国传统英语词典》第4版中,将虚拟图书馆解释为"联网的电脑或专以电子形式存在的图书馆"。美国人卡耶将虚拟图书馆定义为"利用电子网络远程获取信息知识的一种方式"。

伴随着信息技术在我国的发展,图书情报领域的新术语不断出现,我国图书馆界也从不同角度对虚拟图书馆定义进行了解释,有人认为:"虚拟图书馆不是一个物理概念,也不是一个单独存在的实体,是一个跨地区、跨国家的信息空间、信息系统,是虚拟现实技术在图书馆的运用。它是以数字化方式将信息资源存贮于一定的载体,通过计算机和网络将信息资源快速传播给分散在各地需要利用的用户";还有人认为:"虚拟图书馆不是一个具体的图书馆实体,也不是一个特定图书馆自动化系统进入到数字化阶段后完成的。虚拟图书馆是一个群体,是由连接上网的许多个数字图书馆,以及以图书馆形式出现的政府、科研、新闻出版等部门的信息中心,且被数字化的那一部分信息资源共同构成"。Web 的创始人 Tim Berners-Lee 率先开创了虚拟图书馆的先河,他建立了一个有别于商业目录的 Web 目录。从此,虚拟图书馆便如雨后春笋般出现。

虚拟图书馆的定义虽然还没有一个准确的描述,但我们普遍认为,虚拟图书馆是互联网环境下图书馆发展的必然产物,它是对网上庞大信息资源的合理组织,并使之提供检索、链接、共享的功能,随着信息资源和网络技术的发展,其服务的广度与深度也在不断优化。具体来说,虚拟图书馆的虚拟化主要表现在三个方面。

1.虚拟馆藏。对于一个图书馆而言,不仅收藏实体的各种载体的文献资料,而且向用户提供所购买的网络信息资源及本馆组织链接的网上信息资源。

2.虚拟参考咨询服务。经过虚拟参考咨询服务,用户可以在网上提出各种问题,寻求网上的"信息专家"给予回答,而信息专家的回答也以网上的方式反馈至用户。虚拟参考咨询提供多层次的咨询服务接口,包括 PAQ 链接、用户讨论组以及通过 E-mail、BBS 等交互方式实现用户与虚拟咨询员的在线或离线讨论;对用户的网络信息检索过程进行现场智能化引导,检索失败时,提供有效的解决方案和操作指导;最后针对用户的信息需求进行智能化推送服务,这是一种在用户的检索过程中自动提供与用户需求相关的新资源、新服务介绍和链接的现场推送形式。

总之,虚拟参考咨询与传统参考咨询服务相比,在服务对象、服务方式、服务工具、服务内容上都发生了重大变化。虚拟参考咨询服务有效超越时空的限制,以"不见面的面对面"方式,使咨询人员和服务对象无论在何处,只要能登录站点就可以进行交互式交谈,这对所有的上网者都是一致平等的。资源共享使咨询解答后的问题可以为更多的读者提供参考。服务内容也主要针对使用方法、应用环境各不相同的数据库、检索工具等网络资源。

3.虚拟资源共享。读者可以坐在家里、办公室、电子阅览室或其他任何地方,只要有互联网接口的个人计算机,就可以其登录注册的虚拟图书馆查询馆藏,而且还可以查找多个图书馆的书目系统和数据库资源,就能找到文献资料的出处、摘要甚至是文献的全文。

我们可以肯定,虚拟图书馆的出现,不仅能够为我们带来崭新的思维理念,而且可以拓宽传统图书馆的资源体系与服务模式,使得网络信息资源得到开发利用及社会共享。但我们也必须清醒地认识到,虚拟图书馆建设毕竟是一项长期的系统的工程,它的发展有赖于现代信息技术的进步和图书馆员自身素质的提升,同时还面临着信息增长与成本效益矛盾、知识产权的纠纷及网络垃圾的处理等问题。当前,理论界在对虚拟图书馆的现实研究上还存在许多薄弱环节,像如何编制高智能学科搜索软件、在法律环境下保证虚拟图书馆的安全性、虚拟图书馆标准问题与服务模式、虚拟图书馆的馆员素质与用户教育等,这些都有待于我们今后的研究与探讨。我们相信,未来虚拟图书馆的研究和建设将逐渐走向成熟

二、管理观念:社会化大图书馆

未来的图书馆将不再是一个封闭的"知识宝库",而是一个通过网络与地区、国家乃至世界各地相连接的社会化大图书馆,这主要得益于新技术的发展以及网络环境的逐步改善。所以,图书馆管理必须树立社会化大图书馆的管理理念。

1.开展图书馆间的合作。在社会化大图书馆的大环境下,许多问题需要多个图书馆的合力和发挥各自的优势来进行共同探讨,联合攻关,才能得到解决。如数字化图书馆这一项目,是一个系统而复杂的群体工程,倘若没有合作的精神,要完成这一项目是很难想象的。

2.实现图书馆资源的互补。随着知识信息总量的剧增,任何一个图书馆都无法也没有必要将世界上新出现的知识信息一网揽尽,这就很有必要建立一个权威性的图书情报协调机构,统筹规划,合理布局文献收藏范围。各馆应按照这个统一的布局收藏文献,建立各自的特色馆藏,然后利用网络,互通有无,资源共享,为读者用户

提供高质量的服务。

3.规范化和标准化是合作互补的基础。随着信息技术的发展，以计算机为核心的现代信息技术正在图书馆界得到广泛的应用，数字化和网络化技术也将逐步推广。由于管理体制的混乱，现在各图书馆在信息技术的应用中存在着各自为政、各行其是、盲目投资、重复建设、孤立发展等混乱情况，这给网络化的信息传播造成了重重阻碍。社会化大图书馆需要相互兼容的图书馆管理系统、与世界接轨的规范化和标准化的数据库，以及统一的通信协议。只有如此，图书馆才能渗入到国际互联网的大循环之中。

三、开放程度：国际化

随着信息社会的发展和物质生活水平的提高，人们的文化需求也在推动我国图书馆走向国际化。同时，人们日益清晰地认识到，新观念的提出、新市场的占领以及新文化的拓展需要全面、准确、迅速地掌握信息。如果只是了解某一领域或某一局部的信息，则很难了解这个多变的世界，也就难以提高对世界各国创造的先进文明成果的需要。人们迫切要求了解不同文化内涵、不同形态的信息产品，对数字文献的需求大大增加。人们的需求与欲望，在很大程度上寄希望于图书馆向整个社会开放、向国际开放，实现真正的文献信息资源共享。

知识经济的发展，促进了知识的创新、交流和利用，更推动了信息量的爆发式增长。知识量的激增与新兴服务机构的出现，对图书馆传统服务内容提出挑战。

面临"数量"和"复杂"信息的快速增长，怎样更好地提供服务成为图书馆不容回避、必须解决的问题。美、英等发达国家已将图书馆定性为信息服务系统。我国图书馆也必须改变传统服务内容，由提供文献向信息咨询服务方向发展，要不就会面临被淘汰的危险。

正在发展的数字图书馆以计算机和通讯技术的融合形成信息流通的主干线，已成为各国先进图书馆的首选。我国于2000年初步建立覆盖全国、有综合信息处理和服务功能的三级电子化信息网络,由此带动了图书馆的网络化和自动化建设,逐渐实现网络环境下的管理和服务,传统的服务方式和手段已被动摇。这种挑战要求,实现图书馆和国际国内主要信息网络的互联,建立一个统一有序、高效开放、为全社会全面提供信息的信息网络。

目前我国图书馆现有馆员的知识水平参差不齐,服务能力有限,所以必须完善知识结构,提高素质。

国际化已成为世界各国图书馆发展的总趋势,走国际化道路成为我国图书馆的奋斗目标。

我国图书馆要走向国际化,必须在以下几个方面努力。

(一)树立图书馆国际化的办馆理念

必须更新观念,转变思想,树立起现代化的全球信息观,把国际化引入到馆员的工作与学习中,让国际化的办馆理念成为馆员的共识和自觉行动。

(二)确立国际化的发展目标

提高精品意识和名牌战略意识,创建有中国特色的图书馆信息服务,提高国际影响力。特别是要采用国际通行的办馆机制,形成中国特色的资源优势,总体上接近和达到国际先进水平。

(三)建立国际化的管理体制

让各项工作采用世界通用的规范与惯例,并严格执行。

(四)增强国际交流与合作

充分引进、借鉴、消化和理解世界各国,特别是发达国家图书馆的先进观念、思想和方法,及时接触国际前沿的新信息、新知识和新方法,力争承担若干国际一流研究课题。

(五)统一规划,加快网络化建设

我国已建成中国分组数据公用网,光缆建设也取得了非常大的进展,这为我国建设高速信息网络奠定了基础。图书馆越来越多地应用先进管理系统,形成微机局域网系统、多用户系统、大中小型机系统和客户服务器方式并存的局面,并进而向分布式发展。

(六)抓好再教育工作

提高馆员素质,拓展图书馆教育功能,培养用户利用文献信息的能力,提高其阅读、自学和创造的能力。

四、馆藏资源:虚拟馆藏

虚拟馆藏是指本馆用户借助计算机,通过网络等可以广泛利用的本馆以外网上的电子信息资源的总和。它分为两大类:一类是联机检索的数据库。这是图书馆通过签约付费,可通过远程登录、在线利用的电子信息资源,它存储于提供商的服务器上,并不在图书馆中;在签约付费的时间内,图书馆有检索使用权,没有永久使用权和所有权。另一类是互联网信息资源。图书馆根据需要搜集、选择互联网上的信息资源,下载、保存到本馆或本地网络上,由网络提供用户使用。虚拟馆藏实质是一种电子信息资源,它具有三个特点:一是广泛的共享性;二是动态随机性,就是随时在更新、变化,虚拟馆藏的大小与用户信息能力关系密切;三是对计算机、网络环境的依赖性。

馆藏资源包括以下几类。

(一)采购电子出版物

商业电子资源又称电子出版物,包括商业数据库、电子期刊、电子图书以及其他电子资源。图书馆依本馆采购原则和供应商签约付费购买其使用权,供用户使用,这是目前虚拟馆藏建设最主要、最方便、最快捷的一条途径。

(二)构建特色数据库

特色数据库是依托本馆馆藏,针对用户需求,收集、分析、评价某一学科或某一专题具有价值的各类资源,按一定标准和规范使其中特色化资源数字化,以数字化形式存储起来。这是在充分利用图书馆特色馆藏建立起来的数据库,是按一定标准建立可以共享的数据库,是具有检索功能、有利于用户使用的数据库。

图书馆有丰富的馆藏,广泛采用现代信息技术,可依托有实力的学科专业技术队伍,完全可以针对所在地区经济社会的发展或学术研究的需要建立特色数据库。近年来,国内图书馆纷纷启动构建特色数据库工程,深层次挖掘了特色资源,促进了资源共享,以及服务意识与服务方式之间的转变。现在已有多种类型的地方特色数据库、个体或团体特色数据库、与高校特色相关的数据库、与重点学科相关的特色数据库、以教学科研为主的特色数据库、抢救珍贵史料建立的数据库和深化服务相关的特色数据库等。

(三)加强网络学术信息资源建设

现在互联网上学术信息资源迅猛增长,成为科研工作不可缺少的重要信息源。海量的杂乱无序的信息源与用户个性化需求的矛盾,要求对信息资源进行整理和序化。对网上学术资源的导航成为网络学术信息资源建设的重要方式,就是利用其已有的信息标引、分类、查询、搜索、评估等理论与实践,精选学术信息,通过注释或评注的网站组织到特色的界面,免费提供给用户。

我国高校已建立了由学科导航库、电子报刊导航库、主题网站导航库及相关网站链接成的网络导航系统。科研系统建立了以学科导航门户为代表的导航系统。它们通过三种形式将特定学科领域的网上信息、工具和服务提供给用户使用。其一是发布到某一网站的某一界面。其二是发布到分布集成的信息门户网站。其三是发布到独立的信息门户网站。这都为用户提供了方便细化、优化的学术信息检索和服务入口。

站点和搜索引擎是网络导航系统的学术资源所具有的双重功能,可以实现对站点的整理、指引和搜索,可以针对指定的领域把所需的各种资源整合为一个知识体系,具有专业性、集成性、知识性的特点,有利于为教学科研服务,深受用户欢迎。

(四)构建电子书库

电子书库,是复合图书馆中存储馆藏数字资源和提供数字资源访问的存储设备及服务器组成的计算机信息储存管理系统。就像传统图书馆存储图书的书库一样,电子书库是保存数字资源的存储体,是存储馆藏数字资源和提供访问的计算机群。

如何既满足当前以传统馆藏文献服务为主,又兼顾数字资源需求以及不断发展的图书馆数字化、网络化的建设和发展,是未来虚拟图书馆建设中存在的一个有一定难度的重大问题,电子书库的构建便是其中的一个关键问题。

五、技术环境:数字化

开展数字化服务的前提之一是数字信息资源的增加。随着现代计算机技术、网络技术、通讯技术的迅猛发展,数字信息大量涌现。所谓数字信息,就是指由"0""1"代码标识的、可由计算机终端进行处理的、通过网络设备传送的一系列信息元素或单元。传统的信息交流因为受技术条件的限制,不好进行大规模的直接交流,信息传播需要借助于中介机构。

数字信息改变了传统的信息交流方式,数字信息的传播突破了时间和空间的限制,凭借互联网络,可以进行大规模的相互传递。用户使用数字信息极为方便,足不出户就可获知最新的消息。因特网上信息大量传播,在给人们带来方便的同时也出现了信息利用困难的问题。这是因为因特网上传播的信息极为庞杂,大量的庞杂信息导致了无序化,信息的质量参差不齐,给利用造成了非常大的困难。虽有多种搜索引擎对网上信息资源加以整理,但这种整理方式大多缺乏科学性、严谨性,经济因素、人为因素过多,使得信息整理结果不成体系。现代图书馆作为促进社会信息交流的机构,长期以来积累了丰富的工作经验和科学严谨的工作方法,加强对数字信息的整理、建设,对现代图书馆来说是责无旁贷的。

开展数字化信息服务是现代图书馆发展的必然要求。首先,数字化信息需求将会构成今后读者信息需求的主体,数字化信息由于其传播的快捷、获取的方便,很快就得到了公众的欢迎,读者可以在任何地方、任何时间任意选取信息。这种方式使得现代人越来越不能忍受图书馆传统的工作方法和效率,现代图书馆在不断利用现代技术改善其传统服务项目的同时,也要开展数字化信息服务,以适应现代读者信息需求及时化、个性化、快捷化的趋势。其次,数字化信息资源将会改变图书馆传统的服务方式,使图书馆的信息服务走上现代化之路。数字信息的检索速度快,可以很方便地实现全文检索,为读者提供多个检索入口;数字信息的异地传递,使图书馆扩展了服务范围,不但可以对到馆用户提供服务,而且可以对异地用户提供服务;数字信息扩展了图书馆的信息资源范围,使图书馆不但可以利用自身馆藏为用户提供服务,还可利用其他馆的馆藏和网络信息为读者提供服务;数字信息复制方便,同一条数字信息可以同时为多个用户所利用,不受复本的限制;数字信息的存储空间小,可为图书馆节省大量的空间。最后,数字化信息传递的特点使图书馆的资源共享成为可能。

数字化信息的交流传递再也不受时空的限制,使得馆与馆之间可以进行大规模的数据交换,为现代图书馆之间的合作提供了技术手段。

虚拟图书馆开展数字化信息服务是未来的发展趋势,但在此之前,现代图书馆首先必须进行数字化信息资源建设。

六、信息环境:信息网络化

电子计算机与现代通讯技术相结合,为人类创造了一个全新的社会信息环境——网络环境。网络环境给图书馆带来的影响是广泛而深刻的,恰如费孝通先生所说:"以网络为中心的计算机技术、通讯技术、信息数字化技术以及计算机国际语言化技术的突破,正将传统的、分离割裂的图书馆推向全球一体化、网络化的新境地。"图书馆作为信息存储和传递机构,受来自网络社会技术和心理的双重冲击。

在技术方面,计算机、多媒体,尤其是互联网络被引入到图书馆系统中来,深深地改变了图书馆的物理结构和信息服务环境。显然,互联网这么大的开放系统的出现,为图书馆业务扩展提供了更多更好的机会,图书馆将作为全球信息网络的节点互连在一起。在心理方面,图书馆由传统向现代化转换,对图书馆员来说,有一个了解、认识、适应、提高、使用和管理的全方位的变革过程。

近年来在国际上兴起的一类重要信息技术就是网格技术,它被视为第三代互联网的基础。网络技术的目标是实现网络虚拟环境上的高性能资源共享和协同工作,用来消除当前互联网上的资源孤岛和信息孤岛。

网格被称为继互联网之后的又一次网络革命,被视为21世纪的新型网络基础架构。简单讲,网格是把整个互联网整合成一台巨大的超级计算机,实现计算资源、存储资源、数据资源、信息资源、知识资源、专家资源的全面共享。有专家指出,网格同公路系统、铁路系统、银行系统、电力系统等国家重要的基础设施一样,是一种建立在互联网之上,关系到未来国计民生的"信息"基础设施,在电子和信息技术日益渗透到每一个角落的今天,这种"信息基础设施"的作用显得极其重要。它将实现互联网上资源的充分共享,连通一个个信息和资源孤岛,使得人们的工作和生活更加方便、高效。

把网格技术运用到未来数字图书馆的建设中,将带动图书馆发生质的飞跃。网格是高性能计算机、数据源、互联网三种技术的有机组合,它具有高性能、一体化、知识生产、资源共享的优势,为数字图书馆建设提供了有利的条件。

网格既是一类技术,也是一种思想,现在已经出现的产品主要是软件和系统,以后会拓展到硬件和服务。对于网格的解释众说纷纭,不过"英雄所见略同",现在多数有识之士对网格的简短定义是这样的:网格是一台连接了分布在各地的所有计算资源的巨大虚拟服务器,它让人们感受到"计算无处不在"。中国科学院计算技术研究所和IBM公司也有类似的认识,甚至认为以后分布了大量信息资源的整个地球就是一台计算机,人们在将来使用网格就像现在把插头插入插座用电一样,只要向网格输入自己的问题后就可以得到结果,而不管是以何种方式、何种设备或何种通信媒介得到的。

七、服务方式:社会化、市场化、国际化

图书馆的工作内容就是信息服务,即使图书馆未来向数字化和虚拟化方向发展,但最终还是为了服务,服务是图书馆永恒的主

题。面对网络社会的挑战,图书馆应找到服务工作的重点,发挥自己的优势,突出自己的功能与作用。但作为图书馆最重要的因素——人,图书馆员要重新定位、设计自己的角色,彻底抛弃传统图书馆那些不适应网络信息环境的观念,实现由传统服务环境向电子网络环境转变,实现技术和心理的整体跨越,把传统服务中积累起来的经验优势,同计算机网络的技术优势结合起来,创造出新的职业优势,达到新的角色要求。

20世纪70年代,国外一位高级信息官员维利斯曾经说过:信息既不是物质,也不是能源。他的本意是说不能像对待物质和能源那样来对待信息。信息最大的特点就是与认识主体之间的高度选择性,也就是说信息没有物质与能源那样绝对广泛的有效性。这势必要求图书馆对信息的个体需求实施针对性的服务。有人主张未来社会的知识水平与人员构成将是一个双峰结构:创造性集团和服务性集团。因为人类的发明创造活动的难度不断增大,那些泛用的、共性的创造性思维信息是科技前沿人员(创造性集团)能够和必须自己动手加以解决的。但是专业图书馆员则要确保个性信息服务,有针对性地解决那些创造性集团人员自身无法或不能解决的信息需求。这时的图书馆员既属于创造性集团成员,也属于服务性集团成员。

在未来图书馆中,图书馆信息服务将会受到公益性和产业性两种机制的综合控制,有价值的信息必然会成为信息产业中的商品。图书馆员要善于鉴别、确定信息的价值,给用户必要的"导读",为他们筛选和提供有价值的信息。开展深层次的信息加工,协助科技前沿人员及时地借鉴、参考、继承有针对性的知识信息,将成为未来图书馆信息传递与服务的主要内容,但是图书馆信息服务的方式也更加向着社会化、市场化和国际化的方向发展。

八、服务特色:个性化服务

"用户第一"观念最充分的体现就是虚拟图书馆开展个性化服务。所谓的个性化服务,就是充分考虑读者的个人特点和独特的信息需求,为读者提供个性化的信息环境。个性化的检索方式、个性化的信息需求、个性化的用户界面以及个性化的信息处理方法是构成个性化信息环境的几个要素。

个性化的检索方式指的是用户根据图书馆提供的新式信息检索工具,建立符合自己使用习惯的检索语句,图书馆根据此检索语句对馆中的信息进行检索,这种检索方式是由用户构建的,用户不再因为不熟悉检索语言而造成的信息获取障碍感到烦恼。个性化的信息需求指的是读者提出的符合自己特殊需要的信息需求,未来图书馆的读者重视个性需求,要求图书馆能够根据个人的请求,提供各种馆藏信息以及网上信息。个性化的用户界面指的是未来图书馆要为读者提供统一的、适合读者个人使用习惯的用户界面。现在各个图书馆、各个网站的用户界面是不尽相同的,相互之间也并不兼容,读者要利用图书馆,必须学习、适应各种友好或不友好的界面,这给读者使用图书馆造成了困难。未来图书馆要改变这种情况,界面不是因为信息机构的不同而不同,而是根据用户的不同而不同,要为读者建立自己的用户界面。个性化的信息处理方法是指图书馆将个性化信息传送给读者之后,读者能自由选择信息处理的方法,读者也能对这些信息进行自由的组织和操作。

九、专家馆员:知识科学家

在未来图书馆,"保管员""出纳员"式的图书馆员将被淘汰,代之以专业化的"学者",他们肩负着知识信息海洋中的"导航员"重任。图书馆员为了能够肩负这样的重任,就一定要重视自己的角色定位问题,改变现有和未来图书馆员的知识结构,使自己成为素质一流的学者,这不但是图书馆员本身要认识的问题,也是我国图书馆学教育需要探讨解决的课题。

我国有位科学界老前辈曾经这样说过,今后图书馆人不再是"信息科学家",而是"知识科学家"。这是对未来图书馆员最贴切的描述。"信息科学家"的职能是为用户提供信息,而"知识科学家"的职能,就是为用户解释信息,使用户利用获得的信息去增长知识。

未来图书馆提供给用户的信息"成品",包括所谓的"信息包",即不同形式和来源的信息总和。

图书馆员是文献信息的开发者和知识信息的传播者,是图书馆构成要素中最活跃、最积极、最起决定意义的要素。只有一专多能的复合型人才,才能驾驭图书馆高水平的管理和服务,才可以应对知识经济的挑战。图书馆的"馆员服务"必将成为"专家服务"。图书馆员应该成为具有较强的知识信息技术的专门人才。他们必须能够掌握各种信息的获取和传递技术;必须熟悉网上资源以及信息的分布状况,并具有提供和存储信息的能力;必须能够解答用户的各种问题,掌握处理分析技术,成为信息管理的专家,成为一名学者型的专家,也就是信息专家和信息工程师。知识经济时代,图书馆员在某种程度上可以说既是社会信息和社会教育领域的专家,又是文献、知识、信息资源与人们之间的经纪人,职能具有多面性。总而言之,未来图书馆信息服务将是崭新的、无所不至的,图书馆员对读者和用户将是具有一流素质和才能的知识信息服务专家和工程师。

十、用户培训:适应网络化新环境

帮助用户不断适应网络化的新环境是网络的发展给未来图书馆的用户教育提出的新课题。未来的社会是信息社会,社会成员具有查找信息和利用信息的能力非常重要,如果一个成员没有利用信息的能力,将丧失很多生存和发展机遇。用户是图书馆服务工作的根本,我们必须从满足用户需求的角度和满意程度来衡量图书馆的服务效果。因此在网络环境下,为增强用户的信息使用能力,一个现代图书馆必须承担向社会公众提供信息技能培训的任务。

现代科学技术的发展日新月异,新发现、新理论层出不穷,知识更新的速度异常迅速。国外的一些专家分析认为,计算机技术的半衰期仅为2年多,整个电子和信息科学知识的半衰期仅为3~5年,通讯技术正以4年增长4倍的速度迅速发展。按照这样的速度,即使在大学期间所学的新知识,当走上工作岗位时,有些知识也已过时了,因此掌握新的科学技术的重要方法就是接受继续教育。据美国工程教育协会估计,大学毕业的专业技术人员,其科技知识只有12.5%来自大学课程,其余87.5%都必须从工作后的再学习中获得。由此看来,知识经济时代,需要知识更新的速度越快,对继续教育的要求也越高。

在新技术不断应用于图书馆的今天,图书馆必须对用户进行信息意识的教育。信息意识是人们获取、评价和使用信息资源的能力,是人们对信息需要的自我意识,即人们从信息角度出发,去感觉、理解和评价自然界社会中的各种现象行为和理论,并且有捕捉、分辨有用信息的能力。信息时代图书馆的用户,必须具有这种意识和能力,还要增强信息获取能力、信息技术的利用能力等。

在未来图书馆的发展中,伴随着高新技术在图书馆中的应用,原有的服务模式已经不能适应这一技术环境和用户信息行为的需求。其海量的网络信息资源远远超出了人们的想象,每一个图书馆只是电子信息网络空间里的一个节点,馆藏文献资源也只是信息集合体中的一个组成部分。数量大、类型多、跨时空、跨行业、多语种的网络信息资源为用户提供了获取信息的广阔空间,巨大的网上信息资源体系及其获取模式更像一个庞大的信息超市,它的出现冲破了常规,它的最大魅力是实现了信息与用户之间的零距离。为了实现用户在海量信息中乐此不疲的"自选",在不断反复的遴选中,"我"的主体地位不断上升,图书馆加强用户教育和培训是必修的一课。因此,在未来的用户服务工作中,图书馆应加大信息资源的宣传力度,让用户了解和熟悉这些新资源,激发他们利用信息资源的意识;同时,图书馆还应在对用户情况及用户需求调研的基础上,有针对性地开展多种形式的培训,如专题讲座、上机实习、个别辅导、在网上提供自学条件等,向用户传播新信息技术,教授信息获取的途径和方法,以充分满足用户的个性化信息需求。

十一、依法治馆:虚拟图书馆有法可依

各种违法行为的科技含量伴随着科学技术的发展而不断发展,只有实行依法治馆才能保证未来图书馆的发展。

依法治馆，就是以法律方法管理图书馆。管理图书馆的法律中，既包括国家正式颁布的法律法规，也包括各级权力机构、政府机构及各管理系统制定的具有法律效力的各种社会规范。适用图书馆的法律不只是图书馆法，也包括民法、税法、劳动者保护法、文物保护法、合同法、行政法等。法律是用来调整社会关系的。凡有关图书馆与社会各部门及社会成员关系的法律，均适用于图书馆。图书馆要严格遵守法律，按照法律条文去调整自己与其他社会组织、与用户、与其员工的关系。依法治馆强调公正、公平、合理原则，可以减少各种不利因素带来的损害，有利于自动调节未来图书馆内部的各种关系，提高管理效率。

依法治馆是未来图书馆发展的重要保证。因为图书馆法律规范确认了图书馆的发展方向和任务，规定了图书馆事业发展的基本方针和途径，同时对从事图书馆文化事业的知识分子队伍的培养和成长也发挥着至关重要的作用。另外，图书馆法律规范通过预防、打击等手段来排除各方干扰，为图书馆事业的发展创造了一个良好的社会环境。

图书馆事业的发展对图书馆法制建设也起着积极作用。信息时代的到来和信息科技在图书馆的应用，使图书馆的作用发生了重大变化，这对图书馆法制建设提出了更高的要求。图书馆建设的日新月异，也对有关法律产生了广泛的影响，如对司法、执法的机关和人员提出了更高的要求，要求机关具有相应的先进设备和手段，要求执法和司法人员具有相应的文化知识和文化素养，否则难以准确理解、掌握和运用法律。这就使得更多的人去了解图书馆、利用图书馆、重视图书馆。

我们坚信，虚拟图书馆在法律的保护下会蓬勃发展。